广东省中小学"百千万人才培养工程"
初中理科名教师培养项目丛书

丛书总主编：于　慧　李晓娟

# 构建初中物理思维型课堂

游远方　著

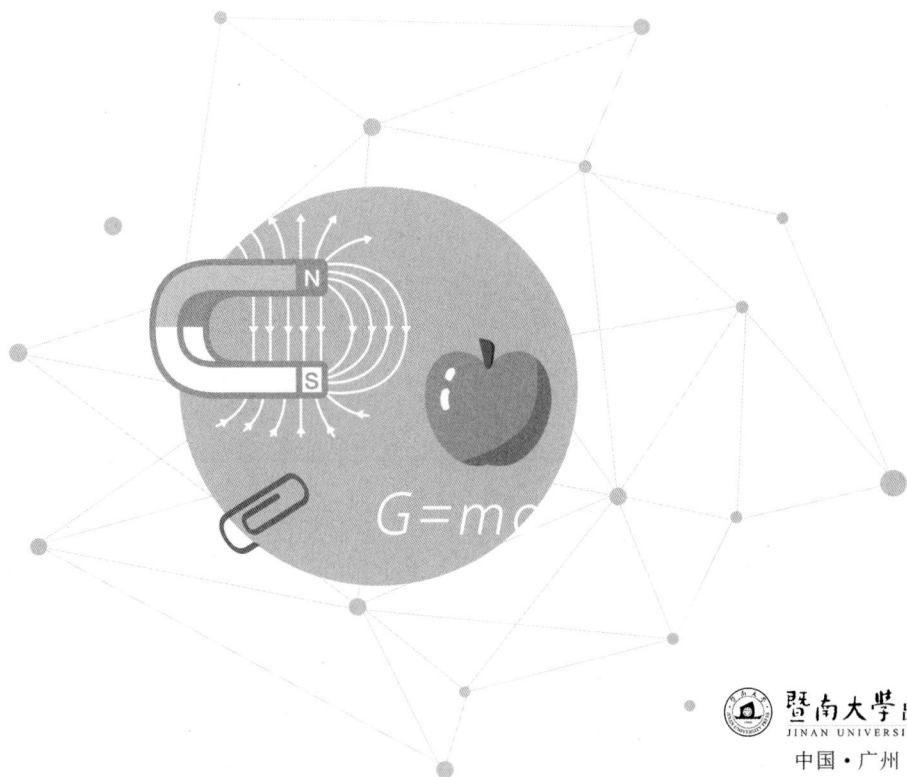

暨南大学出版社
JINAN UNIVERSITY PRESS

中国·广州

图书在版编目（CIP）数据

构建初中物理思维型课堂/游远方著 . —广州：暨南大学出版社，2024. 8
（广东省中小学"百千万人才培养工程"初中理科名教师培养项目丛书/于
慧，李晓娟总主编）
ISBN 978 - 7 - 5668 - 3893 - 3

Ⅰ . ①构…　Ⅱ . ①游…　Ⅲ . ①中学物理课—课堂教学—教学研究—初中
Ⅳ . ①G633. 72

中国国家版本馆 CIP 数据核字（2024）第 069139 号

**构建初中物理思维型课堂**
GOUJIAN CHUZHONG WULI SIWEIXING KETANG
著　者：游远方
······················································································

出 版 人：阳　翼
统　　筹：黄　球　潘江曼
责任编辑：彭琳惠
责任校对：孙劭贤
责任印制：周一丹　郑玉婷

出版发行：暨南大学出版社（511434）
电　　话：总编室（8620）31105261
　　　　　营销部（8620）37331682　37331689
传　　真：(8620) 31105289（办公室）　37331684（营销部）
网　　址：http://www.jnupress.com
排　　版：广州良弓广告有限公司
印　　刷：广州市金骏彩色印务有限公司
开　　本：787mm×1092mm　1/16
印　　张：11. 5
字　　数：210 千
版　　次：2024 年 8 月第 1 版
印　　次：2024 年 8 月第 1 次
定　　价：49. 80 元

**（暨大版图书如有印装质量问题，请与出版社总编室联系调换）**

# 前　言

2022 年新颁布的义务教育物理课程标准，提出了物理学科的核心素养目标，强调了物理学科的育人功能，科学思维贯穿于建构物理观念及科学探究的过程。然而课堂上还存在一种情况，教师把知识传授给学生，让学生记住，只进行机械训练，却忽略了培养学生的思维能力。学生通过死记硬背和机械训练学习物理，物理课堂变成了讲解课堂、记忆课堂、习题课堂，物理课堂没有物，这偏离了物理学科育人的方向，偏离了物理的学科本质，导致一部分学生失去了学习物理的兴趣。理存在于物之中，物理课堂如果没有物，那教师的教学就是无物言理，学生难以理解无物之理。学生学了物理知识后，可能过一段时间就忘了，如果学生领悟了科学思维方法，那它们就会在学生的大脑中长久保留，甚至会被学生迁移到生活或工作中解决实际问题。因此，物理教学应注重培养学生的科学思维能力，注重体现以实验为基础，注重突出物理学科的实践性。物理知识的价值不只在知识本身，还包括形成知识过程中的科学思维方法。

如何构建初中物理思维型课堂？如何让物理教学体现物理学科本质？如何发挥物理学科的育人价值？这些都是值得思考的问题。本书对这些问题进行了思考及阐述，提出了初中物理思维型课堂的一般模型，阐述了思维型课堂的构建方法，列举了一些教学案例。初中物理思维型课堂是以主题式探究活动为主线、以学生思维参与为根本、以培养物理思维为核心、以落实物理核心素养为目标的课堂形态，着重培养学生的模型建构、科学推理、科学论证、质疑创新等思维能力。其核心要素是提出问题、经历过程、建构理解、形成结构、输出理解。要让学生在情境中自然而然地产生思考，产生有价值的问题。学生针对自己的疑问，进行科学探究，经历知识形成的思维过程，建构对物理知识的理解，知道知识的来源过程及知识间的逻辑联系，特别是领会知识形成背后的科学思维方法。物理学习过程就是学生建构对物理世界理解的过程。学生需要将所学物理知识，按一定的逻辑联系整合起来，形成知识结构，便于知识的处理与应用。最后就是学生基于对所学知识的理解，输出知识进行运用，去解决生产生活中的问题，做到学以致用。

本书在写作过程中得到了家人和朋友的支持，在此深表感谢！希望本书能给读者一些启发和参考。

游远方

2024 年 3 月于广东连州

# 目 录
## CONTENTS

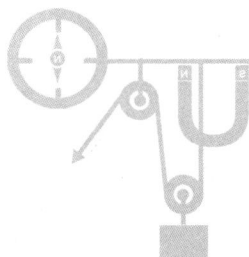

# 看见课堂

这道题我讲了 $N$ 遍了，学生还是不会。

学生上课反应很好，考试时却一塌糊涂。

学生记住了公式，但是不会用。

以上是教师在课堂中经常会遇到的问题。这些问题困扰着教师，教师难以找到答案。有的教师把产生这些问题的原因归咎于学生，认为学生不配合教师的教学，上课不专心，课后不复习。教师习惯于从学生身上找原因，没有去反思自己的课堂，审视自己的课堂，思考自己的教学是否真正激发学生学习的兴趣。教师讲过多次的知识，学生还不会的问题，是学生认知学习过程中客观存在的。这说明教师讲了很多次的知识，学生未必听得懂，即使听懂了，也未必会迁移应用。这些问题与现象，值得教师反思是否习惯于以下教学方式：

（1）满堂灌式教学。教师一讲到底，没有给学生读题、做题、思考、探究的时间和空间。以教师为中心，多"讲"少"学"或多"讲"少"评"。教师认为讲了，学生就懂了；讲得越多，学生懂得越多，结果事实并不是这样。

在这种课堂中，教师占据课堂中心，成为课堂主体。教师只关注自己怎么教，没有关注学生怎么学，有些时候会出现"有教无学"的现象。学习需要学生自主建构，只有经过学生内化的知识才能成为学生的知识，教师讲的东西要经过学生顺应或同化，学生才能理解。因此有效教学并不只是教师清楚地传授知识，必须有一个学生内化的过程。满堂灌式教学没有考虑讲的方式与角度是否适合学生，没有考虑讲的内容的容量是否适合学生，没有考虑给学生变式训练的思考过程，等等。一个初学者要读懂一道题，分析题目条件，找到解题的思路并把题目做出来，需要教师给予一定的时间。

以下是一位教师讲练习册的情境。

教师说："现在我们来讲'能力提升'部分第一题。"

教师讲完后，问："都会了吗?"

有几名学生说："会了。"

教师说："那我们接着讲下一题。"

这是我们最熟悉不过的教学场景。有几个问题值得我们探讨：①讲解题目之前是否需要检查学生的做题情况？②讲解题目之后是否需要检查学生是否更正？③学生更正后，是否需要将原题变式，再让学生练习，以检查学生的学习效果？

假设在课堂上一名学生对一道题没有思路，没有教师的讲解，情况会怎样？结果是这个学生不能解出这道题，因此我们不能低估讲解的作用。教师的讲解要得到学生内化理解才起作用。教师评讲完一份试卷之后，学生再做一遍会怎样？笔者做了这个实验，结果是平均分有所提高，但是分数并没有想象中那么高，这说明教师的某些讲解对学生产生了效果，某些讲解对学生没有产生效果。这不是讲解没用，可能是教师的讲解达不到学生理解的阈值，或是学生在集体听课时注意力不集中。讲解是否对学生有用，关键在于是否符合学生内化知识的需求。教师讲得越多，学生不一定懂得越多，有些知识，教师讲解前学生已理解了；有些知识，教师讲了学生也不理解。教师最需要讲解的知识是那些处于学生最近发展区的知识，学生最容易从教师的讲解中获得理解。

（2）表现式教学。教师表现欲强，乐于自我展示，学生缺少表现机会。

这种课堂，教师依然是主体，学生是被动学习者。教师喜欢展示自己的才华，希望得到学生的赞赏。教师希望得到学生的认可是对的，但是学生才是课堂的主体，教师要把课堂还给学生。

某位教师在讲"声音的特性"时，问："班上谁会弹吉他呢？"学生中出现了推荐的声音："××同学。"然而教师并非真心想让学生表演，而是想自己展示，于是说："让我来为大家弹一首曲子吧。"

某位教师在讲"浮沉条件"前布置了课前作业，要求学生用矿泉水瓶及口服液药瓶制作一个浮沉子。上课时，教师叫同学们将制作的浮沉子拿出来交流展示一下。正当学生交流得起兴，教师说："大家看，老师也制作了一个浮沉子，我这个更漂亮，大家看我演示一下。"

这些都是在课堂上有时会见到的场景。我们来探讨这些问题：在讲"声音的特性"时，由学生来弹奏吉他是否更适合？在讲"浮沉条件"时，教师让学生代表展示自己的作品效果是否会更好？让学生有更多的展示机会，可以提高学生的自信心，让学生有更多的学习成就感。学生的发展既包括了认知的发展，也包括了情感的发展。让学生在课堂中展示学习成果，有利于培养学生对物理学习的积极情感。

（3）活动式教学。气氛热闹，学生玩得开心，表面上积极参与，但难以对物理知识形成持久的理解。

这种课堂在公开课中较为常见。教师为了追求课堂气氛的活跃性，设计一些游戏活动，制造学生积极参与的景象。并不是说在课堂中不能设计物理游戏活动，但是设计的活动要切合学习主题，偏离学习主题的活动没有意义。教师追求学生的参与度是对的，但是我们理解的参与应该是思维参与，而不是表象化的语言、肢体参与。

在以上几种形式的课堂中，最常见的是满堂灌式教学，教师在课堂拼命地讲，学生在拼命地记。教师讲概念、讲实验、讲规律、讲习题，为考而教，为分而教。物理课堂只有"讲"，只有"题"，没有"物"。学生学物理的方法也是采用死记硬背的方法，背概念、背规律、背公式。教师把"讲"当作物理教学的主要方法，学生把"记"当作物理学习的主要方法，这是令人担忧的问题。物理教学应是引导学生建构对物理世界的理解，物理课堂不能没有思维活动。

# 第一章　初中物理思维型课堂形态

## 一、什么是思维

约翰·杜威在著作《杜威思维训练：我们是如何思考的》中认为，"人们会刻意寻求理由或依据，并审视这些理由或依据是否充足，然后再决定是否接受某种观念。这个过程称为反思性思维；只有这种思维才具有真正的教育价值"[1]。思维是基于问题的大脑活动，有问题才会去想为什么，才会通过抽象、类比、推理、分析、归纳等思维活动去寻找答案。在物理学习中，学生通过观察事物、进行实验、获得证据并评估证据的可靠性，有依据地得到结论的过程，就是反思性思维过程。学生经历思维过程，建立概念，理解概念的含义，建立概念间的联系，并将所建立的联系应用到新的情境中解决问题。学生学习物理的思维过程其实就是建构对物理知识理解的过程。学生在学习物理之前已经有一些关于物理的认知结构。比如学生学习流体压强与流速的关系时，建立起空气流速大的地方压强小的认知结构，所以当学习升力时，能将升力同化到流体压强与流速关系的认知结构中，理解升力产生的原理。又比如学生在学习内能之前，大脑没有关于内能的概念，大脑现有的认知理解不了内能，于是要在大脑中植入内能的概念，新建一个关于内能的认知结构。如果学生不接受一个新的物理概念的加入，那么物理学习将难以进行。因此同化和顺应新的物理知识就是学生有意义的思维活动。

## 二、什么是科学思维

《义务教育物理课程标准（2022 年版）》（简称"课标"）对科学思维是这样描述的："科学思维是从物理学视角对客观事物的本质属性、内在规律及相互关系的认识方式；是建构物理模型的抽象概括过程；是分析综合、推理论证等方法在科学领域的具体运用；是基于事实证据和科学推理对不同信息、观点和结论进行质疑和批判，予以检验和修正，进而提出创造性见解的品格与能力。科学思维主要包括模型建构、科学推理、科学论证、质疑创新等要素。"[2]初中物理思维型课堂要围绕科学思维的核心要素开展教学活动。在课堂中，教师要引导学生建立对事物的本质属性、内在规律及相互关系的理解，经历物理模型建构、科学推理、科学论证、质疑创新等思维过程。

模型建构：一些事物忽略一些次要因素后，可抽象出事物的共同特征形成模型。如在学习杠杆知识时，从剪刀、跷跷板、撬棒等生活用具中，抽象出这些用具在力的作用下"能绕固定点转动"的共同特征。在学习光的传播时，从实际的光照中抽象出"具有传播路径与方向"的共同特征，建构出光线模型，其对研究光的传播具有重要的意义。在学习磁场时，根据磁体周围的铁屑分布，建构磁感线模型。

科学推理：在物理学中，科学推理是依据可靠证据得出结论的过程。比如研究"阻力对物体运动的影响"，让小车在斜面的同一高度落下，使小车运动到水平面时具有相同的速度。更换不同的水平面进行实验，发现小车运动的水平面粗糙程度越小，小车运动得越远。在大量实验事实的基础上，推理出水平面越光滑，小车运动得越远，当水平面没有给小车施加阻力，小车会永远运动下去。

科学论证：科学论证是通过物理实验得到的现象或数据，或通过生活事例，或通过理论推导等方式证明一些观点或结论是否正确的过程。学生可以论证某个结论是正确的，也可以论证某个结论是错误的。科学论证基于证据，构建证据与结论之间的逻辑关系。如果证据是可靠的，能证明结论的正确性；如果实验方法不科学，得到的证据不可靠，则不具备证明结论正确性的效力。

质疑创新：要培养学生质疑创新的思维，需要鼓励学生独立思考，敢于提问。教师不要冷落那些喜欢寻根问底或提出不同意见的同学，要尊重并欣赏那些给教师带来难题的学生，即使教师当时无法解答他们的问题。

教师举例：将两个小灯泡并联在电路上，两个灯泡正常发光，断开其中一条支路的开关，则另一条支路的灯泡亮度将（　　　）。

A．不变　　B．变亮　　C．变暗　　D．无法判断

教师讲解答案：并联电路中，各支路两端电压相等，各支路互不影响，因此断开其中一条支路开关后，另一条支路的小灯泡亮度不变。

学生质疑教师的解答：因为学生在实验中观察到的现象与教师讲的不同。

这时，教师应引导学生深入研究：为什么在实验中，断开一条支路，另一

条支路的小灯泡会变亮？理论分析与实验现象不相符的原因是理论分析时忽略了电池内阻的存在。从本例可知，物理学习需要培养学生的质疑精神，学生的质疑不会给教师带来麻烦，反而有利于学生深度学习及提高创新能力。

## 三、什么是初中物理思维型课堂

"物理、逻辑、数学和社会知识不是直接获得的，而是由个人构建的。"[3] 真正的物理教学，是教师引导学生建构对物理世界的理解。物理课堂需要让学生发生思考。学生没有课堂思考，就没有深度学习。要真正体现物理学科本质，培养学生的核心素养，需要构建物理思维型课堂。物理思维型课堂要培养学生的模型建构能力、科学推理能力、科学论证能力及质疑创新能力。物理思维型课堂，要求教师熟悉教材，明确课程目标，设计思维活动，培养学生思维，通过思维可视化措施发现学生思维中出现的问题。学生在教师的引导下，经历知识形成的思维过程，建构物理知识，并在新的情境中应用。构建物理思维型课堂需做到以下五点：

1. 清晰的思维主线

物理思维型课堂注重教学逻辑，因果层次分明。教学过程是沿着思维进阶进行的，教学活动具有阶梯性，学生会在一个思维主题线索的引领下，层层深入地思考。教师的教学活动根据学生认知的先后顺序进行，学生自然地建构对物理知识的理解。那些只传授知识而没有构建知识间逻辑联系的课堂，是碎片化的，难以形成完整的知识结构。

2. 明确的思维培养目标

物理思维型课堂有明确的思维培养目标，包括思维习惯、思维品质、乐于思考的情感。在所教学的内容中，教师需明确学生要经历哪些思维过程，明确要培养学生哪些思维品质。不同的课堂，有不同的培养要素，如学习"牛顿第一定律"，注重培养学生的科学推理能力；学习"杠杆"，重在培养学生的模型建构能力；学习"欧姆定律"，重在培养学生控制变量的思维能力。

3. 明确的思维培养方法

物理思维型课堂不但有明确的思维培养目标，而且有科学的方法培养学生的思维。针对思维培养目标，有具体且可实施的方法，才能产生良好的效果。教师要思考：怎样才能让学生形成某种思维品质？自己要提供哪些材料，要进行怎样的引导？

以探究"电流与电压的关系"为例，如果要培养学生控制变量的思维，教师该怎样做？首先，引导学生理解自变量是什么，因变量是什么。其次，明确研究内容是电流与电压的关系。再次，考虑如何避免电阻对实验的影响。最后，将电流、电压、电阻三者在实验中的关系梳理清楚了，就理解了控制变量的方法。将控制变量法应用于真实的实验中，能达到深入理解并灵活运用控制变量法的目的。

4. 有效的思维活动

培养学生的思维需要学生经历思维活动。在分析教材、课标的基础上，明确思维培养目标后，就要设计相应的活动，通过活动引发学生思考，实现思维发展。需要明确的是，学生参与的活动是思维活动，思考事物间的因果关系。初中物理课堂常见的思维活动有：提取事物的共同特征，建构模型；通过类比，更好地同化理解新的概念，如学习电流、电压概念时，将电流类比水流，将电压类比水压；比较事物的异同点，如比较蒸发与沸腾；进行实验探究活动，学生经历设计实验、进行实验、收集证据、分析论证等探究过程；通过小组合作交流讨论问题；进行变式训练，等等。设计物理课堂活动应有思维含量，不能为活动而活动，学生不能只玩得开心，却没有开动脑筋。

5. 有效的思维评价

学生的思维存在于大脑中，教师要评价学生的思维，需要将学生的思维可视化。学生表达自己的思维，可以直接说出思考的过程，如"我认为……，我的依据是……"，也可以通过思维导图表示出来，还可以通过变式习题将思维展示出来。教师可以通过可视思维，点评学生的思维过程，给学生适当的点拨，激发学生思考的热情。

例：在图1-1中，将两个形状、体积相同，但材料不同的小球浸没在水中，松手后，甲球下沉，但乙球上浮，比较它们浸没在水中受到浮力的大小。

学生表达自己的思考过程："乙球受到的浮力比甲球大，理由是乙球上浮而甲球下沉。"

学生的回答让教师"看到了"学生的思维过程，学生将浮力的大小与物体浮沉联系起来了。学生的答案是

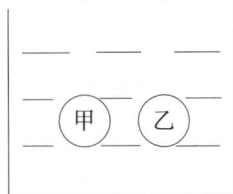

图1-1

有依据的，但是这个依据是不够科学的。可见，学生在大脑中还没有建立影响浮力大小因素的认知结构。教师需要带这些学生重做影响浮力大小因素的实验，以构建对浮力的正确理解。

物理思维型课堂是以主题式探究活动为主线，以学生思维参与为根本，以培养物理思维品质为核心，以落实物理核心素养为目标的课堂。初中物理思维型课堂就是要创设情境条件，设置有效问题，经历有效探究，让学生在课堂上有思考的空间和时间。物理思维型课堂的显著特征是让学生在思考中学习，有依据地建立概念之间的联系和解决实际问题。

# 第一节　让思考发生

物理思维型课堂中，学生的学习不图热闹，而是要让思考真正发生。

## 一、创设问题情境引发学生思考

教师在课堂中创设物理学习情境，提供物理学习材料，是为了引导学生思考问题，如果学生不能在情境中思考问题，那情境创设就失去了意义。提出问题是构建初中物理思维型课堂的起点。在创设情境时，教师给学生丰富的感性材料，引发学生提出关于物理现象的本质问题。以"杠杆的概念"教学为例，教师会提供一些生活中常用的物品，比如撬棒、跷跷板、剪刀、面包夹、电工钳等给学生观察。学生在观察生活用具的基础上，抽象出这些物品的共同特征，建立杠杆的概念。创设情境是为了激发学生思考和提出问题，务必有较强的针对性、引导性。

## 二、产生认知冲突引发思考

学生在大脑中已经有一些关于物理的观念，有些是正确的，也有一些是错误的。当学生观察到的真实现象与大脑的原有认知不同时，学生就会自然地提出问题，到底发生了什么？为什么会这样？这就是认知冲突的表现。

比如，在讲"浮力"知识时，为激发学生思考，用橘子制造认知冲突。

教师问学生：将整个橘子浸没水中，放手后橘子会怎么样？
学生回答：下沉。
教师将橘子浸没水中，让学生观察橘子的浮沉情况。学生发现橘子浮在水面上，感到有点意外。

教师再问学生：将剥了皮的橘子浸没在水中，放手后橘子会怎样？

学生根据上次获得的经验回答：上浮。

教师将剥了皮的橘子浸没在水中，松手，让学生观察实验现象。学生发现自己推测错误，剥了皮的橘子在水中下沉。

橘子在水中浮沉的认知冲突，引发学生提出问题："物体在水中的浮沉取决于哪些因素呢？"从而使学生产生了对物体浮沉条件的思考。

## 三、通过趣味小实验引发学生思考

趣味小实验的实验器材容易获取，实验操作简单，实验现象新奇，能吸引学生参与到学习中。教师演示一些趣味小实验或引导学生做一些趣味小实验，学生会观察到有趣的实验现象，就会提出问题："为什么会出现这些现象？"从而产生对实验原理的思考。

如在学习"液化"知识时，给学生一瓶刚从冰箱拿出来的冰矿泉水和一瓶常温下的矿泉水，让学生用干纸巾将它们的外壁擦干净，引导学生仔细观察两矿泉水瓶外壁出现的现象。

学生观察发现，冰矿泉水瓶外壁出现水珠，但是常温矿泉水瓶外壁没有出现水珠。学生重复多次用纸巾擦干净冰矿泉水瓶外壁，冰矿泉水瓶外壁都出现小水珠。学生不由得产生疑问，为什么冰矿泉水瓶外壁出现水珠？这些水珠是从哪里来的？为什么常温下的矿泉水瓶外壁却没有水珠？学生针对这些疑问，产生了很多思考。

## 四、在实验探究中提出问题引发学生思考

学生在实验探究过程中，需要动脑思考解决实验探究过程中出现的问题，使探究实验顺利进行。物理实验探究活动是引发学生思考、培养学生思维的有效途径。学生提出问题，进行猜想和假设，设计实验和进行实验，解决问题，分析论证，交流表达等都需经历思维过程。

如"探究平面镜成像特点"[4]实验，有许多引发学生思考的地方。

问题的提出：平面镜成像中，像与物的大小有什么关系？像与物到镜面的

距离分别是怎么样的？像与物是否关于镜面对称？

　　猜想和假设：针对提出的问题，你认为答案是怎样的？

　　设计实验方案：如何比较像与物的大小？如何确定像的位置？

　　器材选择：为什么要用玻璃板代替平面镜做实验？为什么实验时要用两支完全相同的蜡烛？

　　实验过程：如何才能使没有点燃的蜡烛 B 与点燃的蜡烛 A 的像重合？为什么实验时会看到两支蜡烛的像？

　　实验论证：实验数据可靠吗？从实验数据可得出什么结论？

　　实验评估与反思：实验中存在什么问题影响实验效果？

　　合作与交流：将自己的想法与同学交流，将思维表达出来。

　　理想的课堂不是热闹的。思维课堂是表面平静，但思维是活跃的，学生都沉浸在思考当中，想着如何探究问题、解决问题。学生通过思考建构新的知识，实现思维发展。

# 第二节　物理思维型课堂的特点

　　物理思维型课堂是以培养学生良好思维品质和学科思维为目的的。要构建初中物理思维型课堂，就要先了解物理思维型课堂到底是怎样的课堂，它的核心要素是什么。以"探究电磁铁的磁性"[5]教学为例。

　　A 教师：复习电流的磁效应，复习通电螺线管的磁场。教师播放电磁起重机搬动钢材的视频，引入新课。教师讲解电磁铁的构造，演示实验"探究电磁铁的磁性强弱与哪些因素有关"，得出实验结论，进行课堂练习，为学生布置作业。

　　B 教师：复习电流的磁效应，复习通电螺线管的磁场。教师演示实验，在螺线管中插入一根铁芯，给螺线管通电，铁芯吸起大头针，引入新课教学。教师讲解电磁铁的构造，引导学生利用同样规格的大铁钉、漆包线、胶布、剪刀等材料制作两个电磁铁，一个线圈匝数较多，另一个线圈匝数较少。学生制作好后，设计实验探究电磁铁的磁性强弱与线圈匝数的关系；设计实验探究电磁铁的磁性强弱与电流大小的关系。学生收集证据，分析证据，得出结论，通过思维导图，联系与电磁铁有关的概念和规律，形成知识结构。在课后实践中，让学生设计并制作一个简易的电磁起重机模型。

从两个教学设计可以看出，A 教师是偏向传统教学的模型，教师的讲解是为了让学生更好地接受知识、理解知识，但是有效教学并不是教师将知识清晰地讲给学生听就行了，还需要学生思考、内化。B 教师是偏向思维型课堂的模型，学生在教师的引导下建构知识，成为学习的主人，学生在整节课都处在思考当中。这两个教学设计让我们认识到，初中物理思维型课堂有其自身明显的特点，具体如下：

## 一、学生是课堂主体

思维型课堂是以学生为主体的课堂，培养学生良好的思维习惯和思维品质。从课堂主体上看，A 教师的教学以教师为主体，以教师讲解、演示为主，学生通过视听的形式接受知识。B 教师的教学以学生为主体，把课堂交给了学生。教师基于螺线管的知识介绍电磁铁，并引导学生自制电磁铁，学生经历了制作电磁铁、探究与电磁铁磁性强弱有关的因素的过程，通过与前面知识的整合，构建电磁铁的知识体系，通过小制作，达到迁移应用知识的目的。

## 二、具有承前启后的教学逻辑

思维型课堂的教学，是前面知识的延续和深化。思维型课堂一定要加强与前面知识的联系，在前面所学知识的基础上建构新的知识。思维型课堂也要具有发展性，为今后的学习打好知识基础、方法基础、思维基础，提供学习支架。因此，在备课时，就要对整个单元进行分析，明确知识学习的进阶，明确所教学内容在整个单元中的地位与作用，构建整个单元的教学逻辑线索。

以 "阿基米德原理"[6] 教学为例，首先要全面分析浮力单元教学主题内容的逻辑线索：感受浮力—测量浮力—定性探究浮力—定量探究浮力（阿基米德原理）—浮沉条件及其应用。定性探究浮力大小与哪些因素有关的实验，得出了浮力大小与液体的密度及物体排开液体的体积有关的结论。关键因素 "液体的密度" 与 "物体排开液体的体积" 的乘积大小就是排开液体的质量，这让学生联想到物体受到的浮力与物体排开液体的质量有关，作出物体受到的浮力与物体排开液体的重力有关的假设。通过"阿基米德原理"实验去验证假设是否正确，在得出阿基米德原理后，能够定量计算浮力大小，也能定性分析浮力大小变化，为学习浮沉条件及其应用打下基础。在教学中，教师分析单元的教学主题线索，明确思维学习进阶的重要性，这使得教学不偏离主题，不会凌乱。

## 三、学生经历知识形成的过程

让学生经历知识形成的过程是思维型课堂和其他课堂最本质的区别。虽然让学生经历知识形成的过程需要较多的教学时间，但能让学生理解知识的来源，理解物理概念和物理规律，知道"是什么、为什么、与什么有关"。学生理解物理知识后，具备解决各种物理问题的基础。如果只是把知识讲解给学生，学生不理解知识的本质，做很多题也难以起到良好效果。下面以"探究凸透镜成像规律""小孔成像"实验为例，说明学生经历实验探究过程的重要性。

例1：在做"探究凸透镜成像规律"的实验时，蜡烛通过凸透镜在光屏上呈现清晰且完整的像。许多学生认为，如果用一张不透光的小纸片挡住凸透镜的一部分，光屏承接到的像将缺少一部分。这是学生凭感觉得到的结果，但是实验结果并不是这样。学生做实验时发现，当不透光的小纸片挡住了凸透镜的一部分，光屏承接到的像依然完整，只是亮度有所减弱。

如果学生不经历探究凸透镜成像规律的过程，理解实验方法及实验原理，那么在做有关习题时就会感到似是而非，难以得到正确答案，这是因为难以找到解题的可靠依据。

例2：在做"小孔成像"实验时，蜡烛通过圆形小孔在光屏上呈现清晰的蜡烛的像。许多学生认为，如果将圆形的小孔改为三角形小孔，光屏上的像会变成三角形。这种想法显然是错误的。学生用三角形小孔做实验就会发现，小孔的形状并不会影响实验的效果。

以上例子表明，学生经历实验过程才能更好地理解实验原理。如果学生不理解实验的原理，就会利用生活经验去猜测答案，也不敢确定答案是否正确。

## 四、物理概念、规律、方法体系结构化

物理学习过程中，物理知识不是孤立的。物理"大楼"由概念、规律及物理思想方法联结而成。因此课堂中要加强知识间的联系，帮助学生构建知识体系，引导学生将知识结构化，这样学生在遇到问题时，就会综合运用知识体系中的知识解决实际问题。比如，在学习电磁铁知识之前学习磁体、磁性、磁场、电流的磁效应、右手螺旋定则、通电螺线管的磁场等知识，学习电磁铁、理解电磁铁的工作原理及特点之后，可将其整合到原有的知识体系中，让各个概念之间形成逻辑联系。零散的知识不利于学生解决综合性的问题。

## 五、迁移应用知识

思维型课堂重视学以致用。学生建构了物理知识之后，就要用这些知识去解决问题。教师选取典型例题讲解，让学生对如何用物理知识解决问题有一个参考，然后让学生模仿。学生模仿熟练后，就能自主尝试解决新的问题。

比如学习电磁铁的知识后，引导学生迁移应用知识解决问题。

教师举例：（2008年广东省中考题第10题改编）如图1-2所示是研究"电磁铁磁性强弱"的实验电路图。开关的_____可控制磁性的有无；要改变通过电磁铁中的电流大小，可通过改变_____来实现；要判断电磁铁的磁性强弱，可通过观察电磁铁吸引大头针的_____来确定。如果将滑动变阻器的滑片向右移，电磁铁吸引大头针的数目将_____（选填"增多""减少"或"不变"）。

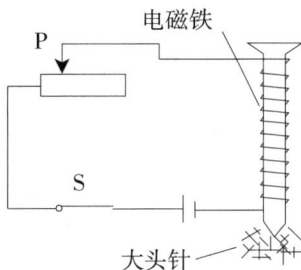

图 1-2

解析：电磁铁工作的特点是通电有磁性，断电没磁性，因此第一空填"通断"；实验接入滑动变阻器就是为了改变电流的大小，第二空填"滑动变阻器接入阻值的大小"；实验利用的研究方法是转换法，用电磁铁吸引大头针的数目来反映电磁铁磁性的强弱，第三空填"数目"；当滑片P向右移时，滑动变阻器接入电路的阻值变大，电流变小，电磁铁的磁性减弱，第四空填"减少"。

学生模仿：（2016年广东省中考题第7题）如图1-3所示，开关闭合，小磁铁处于静止状态后，把滑动变阻器的滑片P缓慢向右移动，此时悬挂的小磁铁的运动情况是（　　）。

A. 向下移动　　　B. 向上移动

C. 静止不动　　　D. 无法确定

学生通过模仿例题的解题方法，分析题目，获得正确答案。

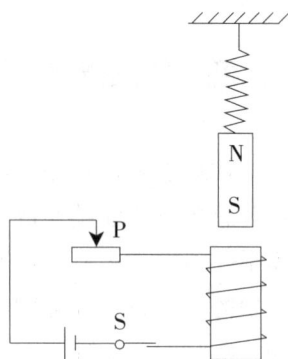

图1-3

变式迁移：（2018年广东省中考题第12题）如图1-4所示，条形磁铁放在水平木桌上，电磁铁右端固定并与条形磁铁在同一水平面上。闭合开关S，当滑动变阻器的滑片P逐渐向右移动时，条形磁铁仍保持静止，此时电磁铁的左端为_____极，条形磁铁受到的摩擦力_____（选填"变大""变小"或"不变"），方向水平_____（选填"向左"或"向右"）。

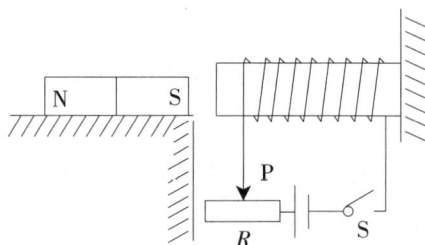

图1-4

在本题实践中，学生综合运用了影响电磁铁磁性强弱的因素的知识、影响滑动摩擦力大小的因素的知识、二力平衡的知识解决问题。设计综合性题目，引导学生将新知识与旧知识联系起来，成体系地去分析解决问题，是培养学生迁移应用能力的有效方法。

实践性应用：自制电磁起重机模型。查阅有关电磁起重机的资料，选择圆柱铁芯、漆包线、绝缘胶布、剪刀、电池组、铅笔芯（代替滑动变阻器）、开关等器材制作一个电磁起重机模型，外观需完好。制作完成后，测试其工作性能，说明使用方法、工作原理、正常工作电压、最大吸引质量等。

学生动手制作，不但可加深对电磁铁的理解，而且可提高综合运用各种知识综合性地解决问题的能力。学生迁移应用知识，不仅仅局限于做课堂练习，也不能把迁移应用知识简单地理解为做题，更多地是要回到生活中去实践。

# 第二章　初中物理思维型课堂模型

## 第一节　初中物理思维型课堂的核心要素

### 一、教师的课堂关注

不同的教师上课时，对于教学的理解不同，侧重点不同，课堂往往会呈现不同的风格。每位教师有自身较为关注的地方。教师对某方面的关注，是长期以来基于自己的教学理念形成的相对稳定的教学习惯，或者说已经成为一种模式。

有的教师很关注学生对公式的记忆理解。这在课堂体现出来就是，上课前要求学生默写物理公式，并写出公式的物理意义，教师根据学生的默写情况，给予合理评价。经过长期的坚持，师生会形成习惯，默写公式成为课堂模式中一个固定的环节。教师确信，学生记忆并理解公式，才具备解答计算题的基础，否则考试时计算题将无法得分。

有的教师很关注学生的作业。教师会精心设计作业，并认真批改，会记下优秀作业进行表扬，记下做错的作业，分析错误的原因，找做错的学生了解情况，进行辅导。教师对作业的关注会影响学生对作业的重视态度，学生因教师对作业的精批细改及评价，会认真完成作业，提高学习效果。关注作业的教师认为，作业是学生内化知识的环节，学生的作业可以反馈其对知识的掌握情况，让教师可以及时发现问题并进行补救，只要学生理解掌握作业题，考试成绩就会理想。

有的教师很关注学生课堂训练。教师关注课堂训练，是基于学以致用的教学理念。学生学习之后，需要进行应用才能真正内化知识。教师精心设计课堂练习，通过课堂练习检测学生的学习情况；通过递进式练习，实现学生的思维进阶。这些教师基本每节课都会抽出较多时间给学生练习，且题量相对固定。

关注课堂训练的教师，基本认为要想课堂质量高，就要精讲多练，少讲多练，给学生充足的课堂时间；认为课后训练没有课堂训练的效果好，课堂训练可以让教师更及时地发现问题并及时指导，学生也可以在课堂上与同学交流。

有的教师很关注知识归纳。每学完一节课或每学完一个单元，教师都会帮助学生进行归纳，采用思维导图的形式，建构物理概念与物理规律及物理思维方法之间的联系。关注知识归纳的教师认为，学生会用思维导图归纳知识，使零散的知识得以重构，形成完整结构，有利于学生迁移应用。清晰的知识结构往往更有利于迁移，而零散的知识难以用于解决综合性题目。

有的教师很关注物理实践。物理是具有较强实践性的科学。物理学习不能离开物，没有物的物理不具有物理学科特点。教师注重把物带到课堂，让学生观物、玩物、探物，理解物理原理；在课后，引导学生进行小实验与小制作，并对学生的实验及制作的作品进行点评。关注实践的教师认为，物理实践有利于学生理解物理原理，"做中学"是有效的物理学习方式，只讲理论没有实践的物理教学是没有生命力的，会导致学生对物理失去兴趣。

有的教师关注思维。这些教师很重视创设情境，引发学生提问，注重知识的生成过程；注重学生的思维可视化，通过学生思维过程的分析，发现思维障碍点，并通过讲解或实验帮助学生突破思维障碍；注重培养学生因果推理能力，引导学生学会有正确依据地去思考、构建概念间的关系。注重物理思维的教师认为，物理思维方法是学习物理的钥匙，学生没有理解物理思维方法，物理学习则难以持续。

教师之所以关注某一方面，是因为他们确信自己所关注的方面对教学质量有较大影响。这是教师教学主张的反映。不管教师关注哪些方面，出发点都是培养人，即培养学生的能力和优良品格。思维是学生能力的核心。从培养人的角度看，教师不能只关注教学成绩，还要关注学生科学思维的培养。

## 二、课堂要素

这里所讲的课堂要素分为两种，一种是课堂构成的要素，另一种是课堂实施的要素。课堂构成的要素强调课堂的教学条件，课堂实施的要素强调教学的过程和环节。

物理课堂构成的要素是教学得以正常实施的因素，比如学生、教师、物理课本（教学内容）、教学设备（黑板、多媒体设备、教学仪器）等。学生在物理课堂中是主体，课堂的其他要素都是为学生服务的。学生是不能被忽视、不能被更换的核心要素。教师不能因为个人喜好去更换学生，只能根据学生需求调整自己。教师是物理课堂的关键要素，因为教师是学生学习的服务提供者，是主导课堂教学的实施者，要对教学内容进行分析，制订教学方案，选择教学设备，以达到更好的教学效果。学生要素与教师要素有机融合才是最理想的课堂状态，学生要向教师提出需求，教师要懂学生所需，给学生所需，实现师生共长。在现实课堂中，有时候学生要素与教师要素不能融合，教师按自己的方式施教，不考虑学生需求，而学生不喜欢教师的教学方式却保持沉默，不敢提出，偏离了教师服务学生的宗旨。

课堂实施的要素有创设情境、提出问题、实验探究、举例、模仿、应用等。不同教师的课堂实施的要素不同，这取决于教师的教学经验及教学主张。

有的教师很重视课堂引入，往往在引入的设计上很用心。他们认为好的引入是课堂成功的一半，在一开始把学生吸引住，抓住学生的魂，教学效果就会好。"激趣引入"成为他们课堂的一个要素，也是他们要做好的常规环节。他们会利用小实验、小故事、影视动画、小游戏等，引发学生提问。

有的教师很重视讲解，讲解过程条理清晰，热衷于把问题讲清楚、把知识讲明白，让学生容易听懂。"清楚讲解"就是他们课堂的一个特点。他们注重讲解的逻辑性和针对性，把知识链接讲得很清楚，以便学生获得清晰的知识。

有的教师很重视启发，善于提出问题引导学生思考，使学生通过思考明白物理原理。"启发思考"就是他们课堂的一个要素。他们对学生的学习难点、启发点很敏感，能在学生感到困难时给予适当的启发，而启发的方法也很科学。这些教师天生就有启发别人思考的天赋。

有的教师很重视课堂练习，会在课堂中少讲多练，给学生较多课堂练习时间，给学生及时点评，练评结合。"练""评"就是他们课堂的要素。这些教师每节课都会准备适当的练习给学生，使学生能在课堂上及时内化知识、应用知识，提高课堂效果。

## 三、思维型课堂的核心要素

思维型课堂关注学生的思维发展，重视思维的活动过程、知识的生成过程，以及学生在学习中的思维参与。教师在思维课堂中，不会直接告诉学生知识是怎么来的，也不会直接告诉学生答案，而是给学生生成知识的材料和必要的启发，引导学生自主去探究、学习、理解、应用知识，其理念是让学生自己想出来，自己动脑筋去解决问题。思维型课堂中，学生表面平静但思维活跃。大家都在想问题，是思维型课堂最显著的特征。

初中物理思维型课堂的构成要素有：学生、教师、思维材料。学生是思考者，教学环境服务于学生思考。教师创造条件引发学生思考，是学生思维的启发者、思维活动的设计者、学生思维的指导者。思维材料是学生进行思考需要的经验、知识、方法等。教师要让学生在物理课堂中建构一个物理概念，就需要分析学生的情况，给学生建构这个概念的思维材料。如让学生建构杠杆概念，就要给学生生活用具、力的作用知识、抽象方法等思维材料。

初中物理思维型课堂的实施要素，是教师培养学生思维过程所采取的教学环节、教学过程。教师创设物理学习情境，其目的是引发学生提出问题，提出问题是课堂学习的起点。教师引导学生沿着问题，经历猜想假设、检验假设、得出结论等过程。学生在探究问题的过程中，理解了知识由来，通过同化或顺应，形成新的知识结构。

本书所说的初中物理思维型课堂的核心要素，是指构建过程的实施要素。通过对思维型课堂的特点的分析及长期思维型课堂教学实践，提炼出初中物理思维型课堂的核心要素：提出问题、经历过程、建构理解、形成结构、输出理解（图 2-1 为初中物理思维型课堂核心要素图）。情境是提出问题的条件，但是有情境不一定有问题，问题的生成需要学生自发思考或由教师启发。经历过程之所以作为核心要素之一，突出了学生实践过程对理解物理概念及规律的重要性。理解就是建立了概念间的逻辑关系及知识演变过程，明白知识来源的前因后果。经历过程是方法手段，实现对物理知识的理解是目的。在没有经历的情况下将知识硬塞入大脑，大脑很难去接受，因为大脑没有产生与这些知识的链接，大脑的反应是："那是什么？从哪里来？为什么会这样？"学生理解了知识，接下来的工作就是将新旧知识整合，形成新的知识结构。最后，学生将对知识的理解通过应用从大脑输出。输出的形式多样，可以写出解释过程、说出解题思路、实践制作、创新发明、实验改进等。输出是思维的高阶层次，是教学目的，是评价思维型课堂效果的依据。

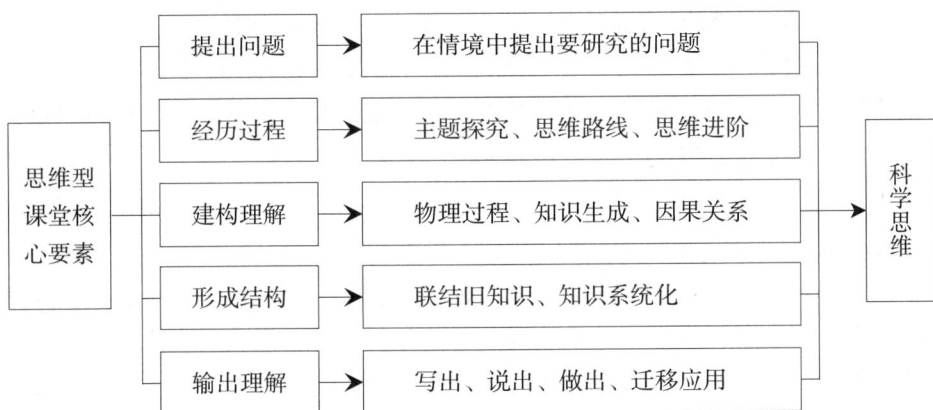

图 2 - 1

## 第二节　初中物理思维型课堂的师生关系

在思维型课堂中，教师应明确师生的角色定位。明确哪些是教师该做的，哪些是学生该做的，避免出现角色错位的情形。教师是引导、帮助、启发学生学习的，而学习者是学生，教师的教通过学生的学起作用。教师与学生是服务与被服务的关系。教师应做到以下四点：

### 一、分析课标和研读教材

义务教育物理课程标准是教师教学的依据，也是考试评价的依据，只有分析课标要求，才能确定教学目标。教材是落实课标要求的案例，是教师教学的参考。研读教材，领会教材的编写意图，才能更好地发挥教材的作用。

### 二、分析学生学情

教师要研究自己所教学生的知识基础、思维水平、学习兴趣等学习情况。

（1）需求分析：学生从"已知"到"要知"需要什么？需要哪些经验？需创设什么情境，提供什么支架？

（2）能力分析：学生已有经验，学生的认知水平、认知能力。

（3）非智力因素分析：学生的学习动机、学习时间、学习习惯。

（4）评估：在教师的帮助下，学生能知什么，未能知什么？

（5）通过分析，综合考虑学生的基础、能力、情感、需求，为学生提供适合的学习材料，设计思维阶梯，提供学习支架，凝练思维主线，提供思维的指导，促进学生思维发展，建构新的知识。

例：教学"升华和凝华"知识

学情分析：学生在生活中没有接触过升华、凝华的概念。升华、凝华现象比较抽象，学生难以观察到升华、凝华的过程。学生具备固态、液态、气态等物质形态的知识基础，但对物质在固态和气态之间的变化过程缺乏足够的感性材料。

教师提供感性材料：

实验1：将少量碘加入烧杯，盖上玻璃片，放在铁架台陶土网上，用酒精灯缓慢加热陶土网底部，让学生观察固态碘的状态变化。

实验2：将一个小樟脑丸放入烧杯，盖上玻璃片，放在铁架台陶土网上，用酒精灯缓慢加热陶土网底部，让学生观察樟脑丸的大小变化。

实验3：在一个烧杯中加入冷水，再放入一些干冰，引导学生观察烧杯外壁出现结霜现象。

教师设计思维进阶：引导学生写出观察到的固态碘的大小变化、樟脑丸的大小变化，引导学生探究烧杯外壁出现结霜现象的原因。

通过思维引导，学生自主建构升华和凝华的概念，理解升华和凝华现象的本质及发生的温度条件。

## 三、教师服务于学生

也许有人认为，教师决定学生的学习方式，学生要按教师的教学方式学习。但课堂的主体是学生，学生不思考，教师无法代替学生思考；学生不学，教师无法代替学生学。教师的教要服务于学生的知识需求、方法需求、情感需求；学生的学情反馈给教师，启示教师调整教学方式（见图2-2）。因此，在思维型课堂的教学中，学生的学习需求决定教师的教学方式。

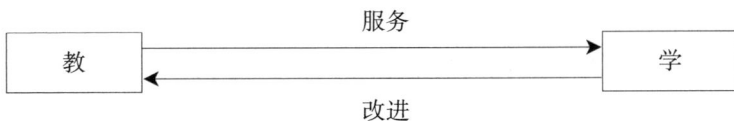

图 2 - 2

（1）教师要有服务意识。重构物理课堂的师生关系，需先解构原来的师生关系。在传统教学中，教师普遍处于课堂的中心地位，强势地要求学生按自己的教学方式进行学习，忽略了学生内心想法和实际需求。物理思维型课堂需要构建一种新型师生关系，那就是教师要变成一个研究者、服务者，研究学生、服务于学生学习，其职责就是要激发学生学，服务学生学，而学生需要自主学习，告诉教师自己需要什么。上课，只是完成了教学的一部分，课后辅导尤为重要。

（2）教师通过学生的反馈改进教学方式。教师要研究自己的教学对学生学习的影响，研究学生的反馈来改进自己的教学方式。完成教学任务不只是上完课，还要跟踪了解学生的掌握情况，评估学生是否理解了教师的教学，能否在解决问题中输出正确的理解。如果学生听不懂教师的讲解，教师需要反思：自己的讲解方式是否切合学生实际；需要为学生提供哪些帮助。如果学生听懂了但是做题时却不会用，教师需要反思：如何帮助学生打通从理解到输出的路径。学生的学习、表现是教师改进教学方式的源泉。

例："探究杠杆平衡条件"实验，在实验前为什么要使杠杆在水平位置平衡？

教师讲解：杠杆是受自身重力作用的，如果杠杆在水平位置平衡，可以避免杠杆自身受到的重力对实验的影响。

学生反馈：听不懂。

教师分析原因：杠杆受自身重力作用，学生是理解的。而对于"杠杆在水平位置平衡"与"避免杠杆自身受到的重力对实验的影响"之间的因果关系，学生较难理解，需要加强讲解的直观性。

教师改进讲解：

引导学生对图 2 - 3、图 2 - 4、图 2 - 5 杠杆的重心大概位置进行分析。

师：图 2 - 3，杠杆左端下倾，杠杆的重心在支点的左边还是右边？

生：在支点左边。

师：图 2 - 4，杠杆右端下倾，杠杆的重心在支点的左边还是右边？

生：在支点右边。

师：杠杆的重心偏向左边或偏向右边，都会对实验造成影响。

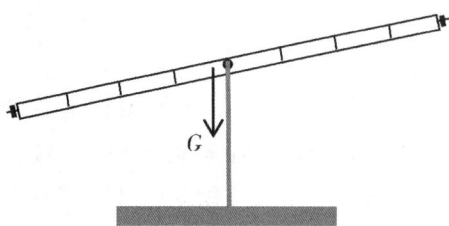 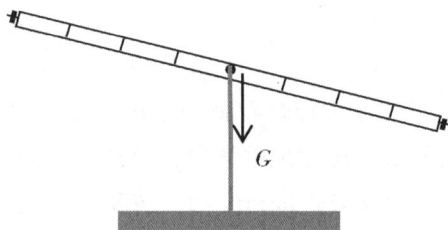

图2-3　　　　　　　　　　　　　图2-4

师：图2-5杠杆的重心落在什么位置？

生：重心落在支点上，不偏左，不偏右，杠杆自身的重力不会对实验造成影响。

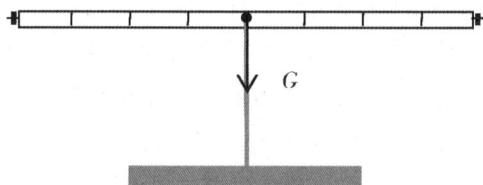

图2-5

通过以上例子可知，教师对知识的讲解需要了解学生的反馈，通过学生的反馈，反思自己教学的不足之处。对于学生听不懂的知识，教师不是以同样的方式重复讲解，而是通过分析学生的学情来改进讲解，使学生能有效接受和理解。

## 四、做到心中有生

（1）教师心中无生：潜意识里只从自己的角度思考问题，思考自己怎么讲、怎么做，没有从学生的角度思考问题。教师总是喜欢设计学生的学习，打着为学生好的旗号，把自己的想法强加给学生。很多时候，教师都在关注自己：自己讲了哪些内容、讲了多少次、是怎么讲的，认为自己讲了，学生就懂了，认为自己讲得越多，学生就懂得越多，但是不关注自己上课的方式是否适合学生，也不关注学生学得怎么样。

现象：一位教师讲解欧姆定律实验，把电池组（含电池）、开关、导线、定值电阻（5Ω、10Ω、15Ω）、电流表、电压表、滑动变阻器等实验器材摆放在讲台上，并向学生讲解所用的器材。教师引入探究问题，讲解实验方法后，在讲台上演示"探究电流与电压的关系"，并解说实验过程："大家看，连接好实验电路，闭合开关前，要先将滑动变阻器的滑片移到最大阻值处。实验时控制定值电阻阻值不变，移动滑动变阻器的滑片，使电压表的示数分别为1V、2V、3V，读出对应的电流表示数……"教师将实验数据板书在黑板上，引导学生通过数据得出实验结论。

问题：这个教学情境是真实的，是一种存在于课堂中的现象。在本教学片段中，教师只关注自己操作和讲解实验，没有关注到学生是否能清楚地看到实验的演示过程，导致学生听得到实验讲解，但看不到实验操作。这是教师心中无生的思想体现，没有将学生放在主体地位。如果教师心中有生，他做实验前，一定会考虑实验的可视性。

其实，教师教学中，心中无生的现象还有很多，比如没有考虑学生的完成时间、能力等，给学生布置过多的作业。评讲练习时，没有先了解学生的解题情况，花很多时间去讲学生已经会的题目，或者花很多时间去讲解学生听不懂的题目。教师沉浸在自己的讲课当中，不关心学生的感受，教学不会有好的效果。

（2）教师心中有生：教师潜意识里都在想学生听不听得懂自己的讲解，能否看到自己的演示，是否理解了新知识，学生出错的原因是什么。要做到心中有生，要基于学生的知识基础、学习特点、学习能力、学习需求设计教学。在习题设计上，要设计一些接近学生最近发展区的题，让学生在原有知识基础上，跳一跳就能解决。

在构建思维型课堂过程中，教师务必明确师生角色，把课堂真正还给学生，学生思维发展是学生自主思考的结果，教师要做的是服务、引导和指导，不要包办代替学生的思维和表达。物理思维型课堂的师生关系如图2-6所示。

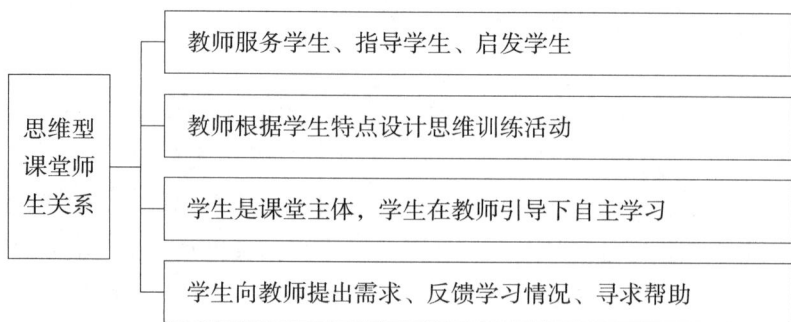

| 思维型课堂师生关系 | 教师服务学生、指导学生、启发学生 |
| | 教师根据学生特点设计思维训练活动 |
| | 学生是课堂主体，学生在教师引导下自主学习 |
| | 学生向教师提出需求、反馈学习情况、寻求帮助 |

图2-6

# 第三节　初中物理思维型课堂模型框架

提炼了初中物理思维型课堂的核心要素，分析了师生关系，结合课堂实践，我们确定了初中物理思维型课堂的模型框架。这个模型确定了学生、教师之间的关系，列出了学生学习过程及教师的组织引导过程。以下初中物理思维型课堂模型图（见图2-7）已经很清晰地将模型内容展示出来。本模型符合认知的发展规律，强调了学生自主建构对物理的理解，为教师培养学生思维提供明确的方向和流程。在模型的指引下，物理课堂将有更多的问题探讨、过程体验、实验探究、思维训练和输出，能有效落实物理核心素养目标。课堂是变化的，模型也不是一成不变的。这个模型只是培养学生思维的一个框架，并没有具体的操作细节，教师在这个框架内还有很多实施细节需要思考。比如，怎样使学生提出有效问题？如何设计探究活动？如何引导学生理解探究过程中的每个环节？如何引导学生构建思维导图？如何选择例题及设计课堂练习？如何通过学生输出使思维可视化？这些问题包含着非常丰富的内容，会直接影响物理思维型课堂的效果。在这个模型中，学生是学习主体，而影响学生的最重要的因素是教师，教学环境、教学活动、教学方法、思维材料均由教师主导，教师调控着教学的进度和深度。教师明白自己的角色，知道自己该做什么，不该做什么，对培养学生思维至关重要。并不是所有课堂都要包含模型中的全部要素，在实践中可能侧重于其中一部分要素，这取决于实际的课堂教学内容需要。

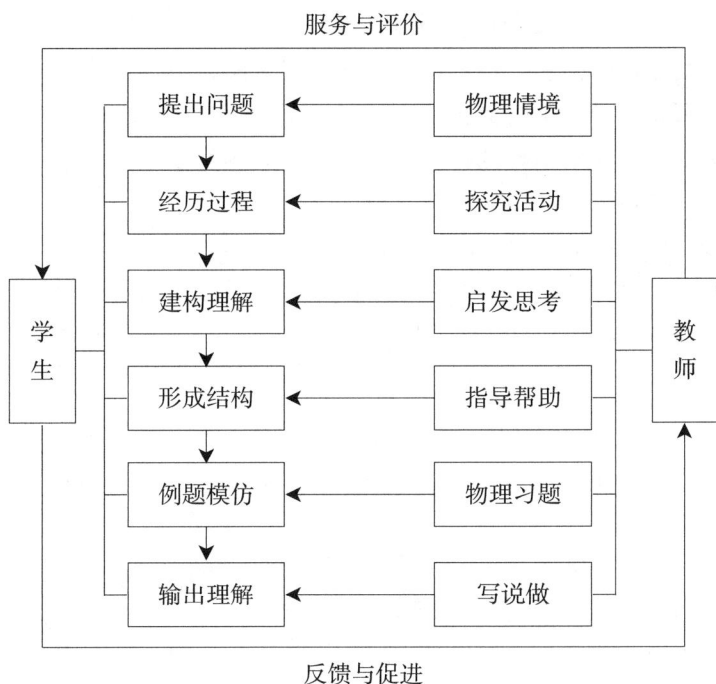

图 2 - 7

从图 2 - 7 可以看出，教师教的过程都指向学生学的过程，教师的活动为学生提供了自主建构的支架和路径。教师创设情境引导学生自主建构对物理世界的理解，教师的教服务于学生的学、教师评价学生的学，而学生的学习情况反馈给教师，促进教师改进教学。这里特别强调，初中物理思维型课堂模型的教学环节中没有将课堂评价及交流与合作作为单一环节列出，其原因是评价及交流与合作贯穿于各个环节当中。

## 一、提出问题

提出问题是初中物理思维型课堂的关键要素，这个要素在整个模型中起基础性作用。物理学习源于物理问题，学生针对问题进行猜想和假设，设计探究方案，经历探究过程，得到问题的答案，掌握物理知识。教师需要创设一个引导学生提出问题的环境，所提供的情景或素材能有针对性地启发学生提出要探究的问题。在思维型课堂中，往往是通过一个个的问题引导学生思考，通过解决一个个问题达到学习进阶的目的。

在传统的课堂中，教师不重视引导学生思考提问，更多地是教师自问自答，学生听教师提出问题，听教师讲解如何研究问题及解决问题，学生没有提出自己的问题和进行自主研究，没有体现学生这个真正的学习主体。在思维型课堂中，学生经历提出问题的过程，有自己对问题的思考。关于情境创设，有以下几种常见形式：

（1）通过文本描述创设情境。用一段文字讲述一个与物理知识有关的现象，使学生阅读后，引发思考，提出问题。如讲解动能时，通过一段描述"小鸟撞毁飞机"的文字，引导学生思考小鸟质量那么小，为什么有撞毁飞机的能量？

（2）通过图片创设情境。如学习汽化液化现象时，展示冬天人口呼出"白气"、清晨小草上的露珠、山上的雾等图片，引导学生提出问题："白气"、雾、露是怎样产生的？学习凝华现象时，展示雪花、北方冬天窗上冰花等图片，引导学生提出问题：冰花、雪花是怎样产生的？

（3）通过视频创设情境。剪辑电视剧、电影、纪录片等作品中有关物理现象的片段作为情景素材，引导学生思考观察到的现象，提出有效问题。

（4）通过小实验创设情境。通过小实验，让学生观察或体验物理现象，提出问题。如学习静电现象时，引导学生进行小实验，用塑料笔在头发上摩擦，能吸起桌面上小纸屑，引导学生提出问题：为什么在头发上摩擦过的塑料笔能吸起小纸屑呢？

创设情境引导学生提出应注意的问题：

（1）情境的真实性。在创设情境时，务必选用真实素材。真实的情境符合生活实际，能引起学生共鸣，能更好地引导学生提出有效问题。而一些动画片或电影里的不科学的物理现象，不能作为物理课的情境片段。

（2）情境的启发性。情境的创设务必针对要学习的内容，切合教学主题，要基于问题设计情境。

例：要学生提出影响浮力大小的因素的问题。

创设情境：让学生将乒乓球慢慢压入水中，感受压力的变化，推理出浮力的变化可能与物体浸入水中的体积变化有关。

创设情境：展示两幅图片，不会游泳的人能浮在死海上，会游泳的人在河水中呼救。

学生通过情境体验或观察，能提出影响浮力大小的因素的问题。

（3）情境的吸引力。情境符合学生兴趣，学生才会乐于在情境中观察思考。教师应评估自己设计的情境是否吸引学生，无趣的情境会影响学生的学习积极性。要增强情境的吸引力，需要使情境贴近生活，选取新奇明显的物理现象，使学生产生较强的视觉体验或操作体验。

## 二、经历过程

学生经历知识的形成过程，是初中物理思维型课堂的核心要素。学生参与探究知识来源的过程，对学生深入理解知识至关重要。学生的大脑与新知识产生链接，在经历中自然形成知识，知识自然地被大脑内化。如果教师直接将知识告诉学生，要求学生记住，学生的大脑未必能将这些知识与原有的知识有效地建立链接，形成一个体系。就如一个男人与一个女人没有经过恋爱就要结婚，心与心未必能建立爱、包容、信任等情感链接，难以融合。

如何引导学生经历知识形成过程？首先，要针对所学的知识单元，提炼探究主题。如果没有主题，就把握不了学习重点，学习没有针对性，而且容易偏离课标要求。其次，要有清晰的符合逻辑的思维路线。学习思维路线始于问题，终于应用，在学生现有知识基础之上，沿着知识间因果关系进行。再次，确定思维进阶。思维进阶就是思维阶梯。教师需设计相应的阶梯，提出相应的问题，使学生拾级而上。在思维课堂中，思维是连续的，知识是联系的，因为有这些条件，所以就有那些结果；或者因为少了什么条件，所以得不到那样的结果。最后，可以知道课堂是否有一条明显的符合认知逻辑的思维线索，是否构建了知识间的内在联系，这是思维型课堂与非思维型课堂的一个重要区别。

在现实教学中，教师的教学更多地是将知识硬生生塞给学生。教师的想法是，让学生经历知识形成过程不如直接将知识告诉学生效果好，这样可以节省大量时间，可以有更多时间进行习题训练。于是教师形成了这样的教学模式，直接讲授知识，然后举例，再让学生练习。对于这种操作，学生是通过强化训练来建立解题模型，通过做题促进对知识的理解的。这其中最大的问题是，学生不知道知识的来源，知道是这样，但是不知道为什么是这样，学生没有体会知识生成的思想方法。不可否认，这样的操作对应试来说有一定作用，但是对培养学生核心素养来说，是明显不利的。教师不能把"物理课堂"变成"做题课堂"，这违背了物理教育的本质，最终导致学生在做题中失去对物理学习的兴趣。

## 三、建构理解

经历知识形成过程，就是为了建构对所学知识的深度理解。经历知识形成过程需要理解知识形成过程，没有理解的经历没有意义。学生要理解探究实验的每一步操作的过程及意义，理解从证据到结论的推理过程及结论的意义，理解学习过程中知识间的因果关系。学生要明白自己在做什么，研究什么，用什么方法研究，要获得哪些证据，要获得哪些结论。教师要在学习过程中提出启发性的问题，要求学生给出问题的答案并表达出来。

例：探究"电流与电压、电阻的关系"[7]。学生要经历实验探究过程，就要理解探究的方法及操作的意义。

师：要研究电流与电阻的关系，需要改变电阻阻值大小，如何避免电阻两端电压不同对实验研究的影响？

生：需要控制电阻两端电压不变。

师：如何控制电阻两端电压不变？

生：移动滑动变阻器的滑片，使电阻两端电压保持不变。

学生理解实验方法后，进行实验操作，收集证据，推理论证得到结论。

以上例子说明，学生经历知识形成过程需要理解过程中的各个环节，即在理解中进阶，在进阶中理解。在现实课堂中，教师让学生经历探究过程，但是一些学生不理解过程中的具体环节，只是机械地操作，这属于没有理解的经历。因此，让学生在经历知识形成过程中建构理解，还需要教师关注学习过程的细节，提出问题引导学生思考，理解每一步探究过程的目的和意义，使学生理解自己在做什么、为什么做、用什么方法做。

## 四、形成结构

形成结构意指形成知识结构。一方面是将新学知识条理化、结构化；另一方面是将新知识纳入原有的知识系统中，重构知识体系。建立起新概念之间、新旧概念之间的关系，如因果关系、类比关系等，这有利于学生在遇到问题时，能较快地从结构化的知识体系中选择所需的知识来分析解决问题。如果知识碎片化，学生需要使用多种知识解决问题时，会感到难以选择知识模块及综合运用知识。结构化的知识便于学生记忆、存储及调用。

知识结构化的方法是按逻辑关系建立联系或归类。一种是将有逻辑联系的知识结构化并整合在一起。比如，在浮力学习中，将"称重法测浮力""浮力大小与哪些因素有关"融入"阿基米德原理"知识结构；将"阿基米德原理"及"二力平衡"知识纳入"物体浮沉条件"知识结构。另一种是将不同逻辑关系的知识清晰地归类。比如升力与浮力虽然都属于运动和相互作用范畴，但是它们是不同类型的力，产生的原理不同，应清晰地归类，将升力归类于压强知识体系，将浮力归类于浮力知识体系，避免产生混淆。

## 五、例题模仿

例题模仿是物理思维型课堂环节的一个重要的要素。学生学习新知识后，对知识进行加工，最后实现应用。学生学习新知识后，不一定会直接运用，很多学生需要教师举例示范。教师通过精选例题，示范解题思路、解题过程、解题格式，供学生参照。教师布置将例题变式后的习题给学生练习，学生模仿教师的解题思路进行练习，在模仿中内化新知识。学生模仿教师的解题方法，熟练后就会思考新的解题方法，实现灵活运用知识解决问题。在举例当中，例子应典型、有代表性，教师的示范应条理清晰、思路清晰、步骤清晰，起良好的示范效果。练习应变化多样，使学生在模仿教师的例子中举一反三。

## 六、输出理解

教师在课堂中演示、讲解、启发、指导、举例、训练，进行了大量工作，给学生提供了大量的学习信息，但是学生未必能输入这些信息，即使输入这些信息，经过加工后，也未必能正确输出。有一些学生输入教师提供的信息后，理解错误，导致了错误输出。如"探究动能的大小与速度的关系"这个实验，教师引导学生采用的实验方法是控制小球质量相同，让小球沿斜面的不同高度落下，观察小球在水平面上撞击木块的距离。但是学生获得这些信息后，认为这个实验是探究动能的大小与小球高度的关系。在写本实验的结论时，得出"物体质量相同时，高度越高，动能越大"的错误结论。可见，最终学生正确输出了多少，反映了学生的学习效果及教学的有效性。

输出有三种形式：写出、说出、做出。写出，就是在遇到问题时，能将解题的思路写出来，将解题的过程写出来，用文字表达思维。说出，就是将解题的思路说出来，用话语表达思维。做出，就是通过创新实验或物化学习成果，将思维展示出来。物理学习的效果体现在输出的效果上，输出是学习的目的。物理学习要使学生在理解知识的基础上，将知识内化加工，在新的情境中输出自己所学的知识来解决实际问题，形成应用物理知识解决问题的能力。学生在课堂中建构了对物理知识的理解后，在遇到新的情境时，能用大脑中已有的物理模型解决情境中的问题。

例：如图 2-8 所示，用手拉弹簧测力计，保持杠杆在水平位置平衡，探究弹簧测力计由竖直方向顺时针转动一个小角度时的示数变化。

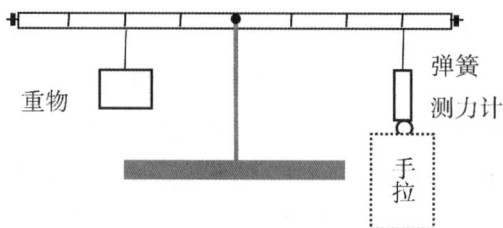

图 2-8

本题是一道检查学生是否能正确输出杠杆平衡条件知识的题目。学生输出杠杆平衡条件知识，不是复述其内容，而是通过应用来输出。重物对杠杆的拉力（阻力）大小是否改变？阻力臂大小是否改变？弹簧测力计拉力（动力）的力臂是否改变？学生通过对以上因素变化的分析，结合杠杆平衡条件，分析弹簧测力计示数变化情况。

学生如果能正确解出本题，说明学生已经理解杠杆平衡条件各个要素间的联系，并在具体情境中找出这些要素，分析这些要素的变化，得出答案，实现了对杠杆平衡条件的有效输出。

# 第三章　初中物理思维型课堂的教材处理和资源选用

## 第一节　分析和处理教材

### 一、教材分析

教师要认真研读课标，理解课标要求，从教学单元的视角，把握整个单元的知识脉络与教学核心，深入分析教材的编写意图及教学目标，深入挖掘教材编写的底层逻辑线索。《义务教育物理课程标准（2022 年版）》是教师实施教学活动的依据。课标明确说明教什么、如何教、教到什么程度、如何评价等内容。一个教学单元，往往是基于一个大物理观念的构建。教材是落实课标的案例和载体，教材的编写考虑了学生的学情，基于学生的认知特点，通过教材提供的素材或活动，实现课标要求。

1. 分析教材的知识结构，明确学习目标

每一节课，都有学习的核心主题。分析教材的知识结构就是要分析教材的核心概念是什么，次位概念是什么，这些概念间有什么联系，教材重点是什么，难点是什么，如何突出重点知识的学习，如何引导学生突破学习难点，明确核心素养目标。

2. 分析知识学习顺序

教材是根据学生的学习进阶编写的。教材内容由简单到复杂、由感性到理性、由表象到本质演变。分析教材先陈述什么，后陈述什么，通过什么形式呈现，以什么为线索，这有利于教师把握知识学习的逻辑顺序。

3. 分析教材的感性认识模块

为了让学生获得对某一知识的感性认识，教材会创设情境，为学生提供感性材料或设计体验活动。教师要分析这些情境、素材是否符合学生的实际。

4. 分析教材的探究模块

在探究模块，教师要分析探究什么问题，研究的对象是什么，探究过程是怎样的，教材提供的探究器材有哪些优缺点，教材的探究方案会产生哪些误差，教材提供的研究方案是否有优化的空间。

5. 分析教材的总结模块

经过学生学习探究，分析最后得到了哪些知识，得到哪些结论，这些知识有哪些联系，教材对知识的陈述是怎样的，是否需要补充。

6. 分析教材的应用模块

分析教材提供了哪些例子，这些例子如何进行优化或变式更有利于学生模仿，教材设计了哪些练习，这些练习是否符合学生学情，是否需要二次开发、变式训练。


例：对"压强"内容的教材分析。

模块一：感性认识压力作用效果与压力大小及受力面积大小的关系。

让学生体验压力能改变物体的形状，体验压力的大小能影响压力的作用效果，体验受力面积的大小能影响压力的作用效果。设计活动：让学生用图钉帽压气球，气球压扁了，用力越大，气球形变越大。用图钉针尖压气球，轻轻一碰，气球破了。通过活动，学生建立了压力能改变物体形状，且压力作用效果与压力大小及受力面积大小有关的认知。

模块二：理性认识压力作用效果与压力大小及受力面积大小的关系。

教师提出问题：压力作用效果的大小要如何体现？如何控制压力大小相等，研究压力作用效果与受力面积大小的关系？如何控制受力面积大小相等，研究压力作用效果与压力大小的关系？学生设计实验方案，选取实验器材，进行实验探究，根据实验现象，进行推理论证，得到实验结论，建立压强的概念。

模块三：理解压强定义公式，利用公式进行计算。

教师列举例题，引导学生分析题目中压力的大小及方向、受力面积的大小及所用单位，利用压强公式计算出压强的大小，并通过例题引导学生对公式进行变式。

## 二、处理好教材

1. 调整学习顺序

教师基于对学情的分析及对教材的分析，认为调整部分内容的学习顺序能更好地培养学生的思维。这时，教师可以创造性地使用教材，调整教材的教学内容顺序。

例1：人教版物理八年级上册"声音的特性"教学，教材有一个探究音调和频率的关系的演示实验："将一把钢尺紧按在桌面上，一端伸出桌边。拨动钢尺，听它振动发出的声音，同时注意钢尺振动的快慢。改变钢尺伸出桌边的长度，再次拨动钢尺。比较两种情况下钢尺振动的快慢和发声的音调。"[8]演示实验后，教材再介绍频率的概念，得出频率决定了声音的音调的结论。教材的编排是先演示"探究音调和频率的关系"实验，再讲频率概念。但在教学实践中，教师先通过物体振动快慢引入频率的概念，使学生建立频率的概念，再探究音调与频率的关系，这种调整更符合学生的认知习惯。

例2：人教版物理八年级上册"平面镜成像"教学，教材一开始就介绍"像"的概念，接着安排实验"探究平面镜成像的特点"，然后再介绍虚像的概念。但在教学实践中，教师在介绍"像"的概念后，接着通过照镜子、投影等例子，介绍虚像和实像的概念。先建立虚像和实像的概念，再进行探究平面镜成像特点的实验，更符合学生的认知逻辑。

例3：粤沪版物理八年级下册，教材先在第六章中安排学习"探究滑动摩擦力"，再在第七章学习"二力平衡"知识。虽然教材用意是将摩擦力的知识归类到第六章"力和机械"中学习，使知识结构呈现力的种类，但是造成了学生先学习测量摩擦力，再学习测量摩擦力的原理。在教学实践中，测量水平运动物体所受的摩擦力时，教师直接告诉学生："用弹簧测力计水平匀速直线拉动物体时，弹簧测力的拉力大小等于滑动摩擦力大小。"学生不理解为什么要用弹簧测力计水平匀速直线拉动物体。教师调整教学顺序，让学生先学习二力平衡知识，再学习测量摩擦力更符合学生的认知习惯。

2．优化教学情境

教材为使学生理解某一个概念，会提供丰富的生活情境。如人教版物理八年级上册第61页，教材列举了冬天"白气"、眼镜片上出现水珠、路边小草或树叶上的露珠等生活现象，以便让学生理解液化现象。但是液化概念是较为抽象的，主要原因是学生看不到液化的过程。要让学生真正理解液化概念，最好的方法是让学生观察液化现象。教师可给每名学生发一个烧杯，内装半杯水，让他们观察杯的外壁是否有水珠出现。然后再给每名学生的杯中加一些冰块，引导他们观察杯的外壁是否出现水珠。通过实验对比，让学生体验液化现象，建立液化概念。学生亲身体验会比举例说明液化现象更有效。

3．优化教学内容

教材是落实课程标准的参照案例，为学生提供了学习流程、学习内容、例题、课后练习、学习素材、方法指导。教材不会面面俱到，不会对学习流程有很详细的安排，给教师留有深入挖掘的空间。教师面对不同学生，使用及处理教材的方式也不同，应分析学生学情，根据学生的学习能力，有针对性地使用教材，发挥教材的最大功能。如"探究凸透镜成像规律"实验探究物距大于2倍焦距、等于2倍焦距、大于1倍焦距且小于2倍焦距、等于1倍焦距、小于1倍焦距时的成像情况。在此基础上，可以拓展探究当凸透镜被白纸遮住一小部分、一半、一大半部分时的成像情况，还可以拓展探究物距一定时，不同焦距的凸透镜的成像情况。通过探究，学生对凸透镜成像有较为全面的认识，能理解物距、焦距对凸透镜成像情况的影响。

4．优化实验

分析教材上的实验方法可否被优化。优化的方向是增加可见度，减少操作步骤，使实验操作更简便，使实验误差更小。比如探究电磁感应现象实验，利用交流信号放大器，可以放大感应电流，使实验现象更明显。

分析实验器材可否被优化。如用电子温度计代替实验室用温度计；数字测力计代替弹簧测力计；探究平面镜成像实验，可以用薄PVC透明塑料片代替玻璃板。

5．优化习题

教材的习题、素材是宝贵的资源。教师深入挖掘这些命题资源，分析教材中的习题，改变条件或改变问题进行变式，使学生通过习题能更好地训练分析、解决问题的能力，更好地发挥这些资源的作用。

（1）优化问题，使问题的解决指向教材的核心内容、核心方法。学生学习时间很有限，学生所做的题需要有针对性，以达到巩固学科重点内容、理解核心知识的目的。

例：粤沪版物理八年级下册第 88 页课后练习第 2 题原题：

在如图 3 - 1 所示的实验中，将铁块浸入水中，设铁块下底面与水面间的距离为 $h$，则水对铁块的浮力 $F_浮$ 与 $h$ 的关系应是：

当铁块由水面进入水中时，随着 $h$ 的增大，$F_浮$ _____；

当铁块全部浸入水中后，随着 $h$ 的增大，$F_浮$ _____。

分析：这道题主要训练学生认识浮力与深度的关系，理解物体在浸没前浮力与物体浸入深度有关，而浸没后，浮力与物体浸没的深度无关。但题目没有直观地呈现物体所受浮力的整个动态变化过程。可以将题目的问题改为：

当铁块由水面上方进入水中前，随着 $h$ 的增大，$F_浮$ _____；

当铁块由水面进入水中时，随着 $h$ 的增大，$F_浮$ _____；

当铁块全部浸入水中后，随着 $h$ 的增大，$F_浮$ _____。

在坐标图（见图 3 - 2）画出以上整个过程中，物体受到的浮力 $F_浮$ 与 $h$ 的关系图。

铁块

图 3 - 1

（2）优化条件，使习题考查的知识更丰富，联结更多知识。

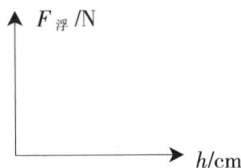

图 3 - 2

例：粤沪版物理八年级下册第 93 页课后练习第 4 题原题：

一艘轮船满载货物时，排开水的重力是 $1.8 \times 10^8 N$，船的自重是 $7.1 \times 10^7 N$，它最多能装多重的货物？

分析：如果将本题的条件由排开水的重力改为排开水的质量，由船的自重改为船自身的质量，既能让学生理解排水量的概念，又能使学生运用重力的计算公式，题目应用的知识会更多。可将题目优化为：

一艘轮船满载货物时，排水量是 $1.8 \times 10^7 kg$，船的自身质量是 $7.1 \times 10^6 kg$，$g = 10N/kg$，它最多能装多重的货物？

教材的习题体现了教材编写者的智慧，教师应根据自己的教学实际及学生的知识水平，将教材习题进行优化，使教材的习题更适合自己的学生，更好地训练学生，提高其学以致用的能力。

## 第二节　思维型课堂教学资源的选用和优化

文本、图片、视频、音频、生活物品、小制作、学具、教具、教学软件等都是教师经常使用的教学资源，这些资源对提高物理课堂的教学效果发挥了重要作用。一些不容易演示的实验可以用视频展示，一些较难描述的物理过程可以用动画模拟，一些物理现象，如声音波形可以用教学软件显示。丰富的教学资源使物理教学更精彩、直观、清晰、易懂、高效，但是教学资源如果使用不当，将会得到相反的效果，影响学生学习。要提高资源的利用效果，教师应从以下几个方面着手：

### 一、选择资源应切合学生实际

促进学生对所学内容的理解掌握，发展学生能力是应用教学资源的根本目的。教师在选择教学资源时务必了解学生的知识基础及学习心理，了解他们在学习中缺少什么、需要什么。了解学生实际情况，可以使教师选用的资源更具针对性，更能满足学生的学习需求。例如某农村中学有两位教师都在讲授粤沪版物理八年级下册"认识浮力"这节课。一位教师在引入环节利用航母、潜艇、飞艇等图片资源吸引学生，尴尬的是学生不认识它们，效果不好。而另一位教师则让学生判断身边常见的物品在水中的沉浮，学生参与积极，效果很好。可见，在资源的选择上，要符合学生实际，贴近学生生活，体现从生活走向物理的教学理念。

### 二、选择资源应紧扣教学核心

教学以教材为载体，再融入教师所选择的资源，使学生理解掌握所学知识。资源的呈现是为了激发学生兴趣、引发思考、说明问题、展示过程、总结方法等。上课前，教师要对课堂进行预设，思考每个教学环节需要使用哪些资源、以什么方式呈现、要达到什么效果等。在选择资源时，应紧扣教学核心，有的放矢；在使用资源时，要充分考虑呈现资源的时机，使资源在特定的教学情境中适时出现，达到最佳效果。一些资源脱离教学核心，即使很精彩也不宜使用。

## 三、选择资源应利于目标达成

西南大学廖伯琴教授在其讲座"《义务教育物理课程标准》解读及教学建议"中提到，课程标准是上课的依据，是评价一节课的依据，也是课程资源选择的依据。在资源的选择上，教师应对课程目标进行分析，如选用的资源有利于哪方面目标的达成，达成的程度如何，资源的利用对目标的达成贡献多大。在进行这些分析之后，教师就能判断所选用资源的价值了。

如粤沪版物理八年级下册"研究物体的浮沉条件"这节课，课标要求是"能运用物体的浮沉条件说明生产、生活中的有关现象"。针对这一要求，教师就要选择生产、生活中应用到浮沉条件实现浮沉的例子，而这些例子选哪些好？盐水选种是通过改变液体密度来改变浮力使不饱满的种子浮起来，潜水艇是通过改变自身重力实现浮沉，这些例子利于目标的实现，值得选用。

又比如粤沪版物理八年级上册"从全球变暖谈起"这节课，课标要求学生"尝试对环境温度问题发表自己的见解"。根据课标要求，教师可以搜集一些全球变暖的数据、图片、文字，做成一个微课，引导学生对温度问题发表自己的看法，使学生认识到全球气温上升对人类生存造成了不良影响，使学生关注全球变暖问题。

## 四、舍得放弃非核心资源

图片、视频、文字材料、生活物品等资源都有自身的特色，教师在选择资源时容易滥用，影响教学效果。课堂不是资源的简单堆砌，而是资源的深度整合。一节课用了很多好的资源，但未必能起到好的作用。因此在教学资源的选择上，教师要舍得放弃，舍弃那些偏离教学核心的资源。

如一位教师上"动能与势能"这节课，先是播放车辆肇事的视频，然后出示一则关于小鸟撞飞机的报道，再引入新课，接着放视频说明动能与物体质量有关，再放视频说明动能与物体速度有关。在本课中，学生通过实验探究动能与势能跟哪些因素有关，并得出结论，是教学核心。这位教师所用的视频、动画、图片等资源目标指向并不清晰，偏离本节课的教学核心。若舍弃这些资源，则可以给学生更多的动手实验时间。有些资源虽然很精彩，但是如果与教学联系不大就坚决舍弃。

## 五、用心优化所选资源

教师确定要选用的资源后，有必要对资源进行优化，即对资源进行加工，使之更切合教学实际，更符合学生认知心理，更好地融入具体的教学环节。简单、直观、有效是资源优化的方向。

资源的优化有几个方面，首先是内容上优化，即修改、添加、删减资源部分内容，以取其精华或丰富其内容，使它在教学中起到更好的作用。比如粤沪版八年级上册"我们怎样区分声音"这节课，为了让学生了解"人和动物发出声音及听到声音的频率范围"这部分内容，教材提供了人和一些动物发出声波的频率范围数据。为了能更好地调动学生的学习积极性，使学生主动从表格中寻找需要的信息，了解图表中的内容，教师可以在教材图表数据的基础上创设问题情境：

一位同学在周记中写道：星期六去爬山，听到蜜蜂飞舞的声音，还有蝴蝶飞舞的声音（蝴蝶翅膀的振动频率小于10Hz），树叶哗哗声，小溪的流水声……知更鸟的叫声真动听，如果我能发出这样的叫声该多好啊！

请问他的周记有什么科学性的错误？他能发出知更鸟的叫声吗？

上述资源的处理方式可以引发学生自主学习的行为，这比生硬地要求学生阅读图表的效果要好，因为他们都想表现自己，想通过找出别人的错误而获得快乐。

其次是呈现方式上的优化。资源的呈现方式有图片、视频、习题、故事、诗词等。优化资源的呈现方式，使其更便于学生接受。比如"物体的质量"这个教学内容，大多数教师将学生易犯的错误以文本的形式用多媒体展示出来，提醒学生注意。但是，如果将学生操作中的错误录制下来，用真实的录像呈现给学生，会让学生感到真实和亲切，这种呈现方式将会起到更好的效果。

教学资源的选择与使用是否恰当，直接影响教学效果。教师应遵守简单、直观、有效的原则，结合教学实际，学会应用和优化教学资源，将教学资源运用得恰到好处。

# 第四章　初中物理思维型课堂的构建

## 第一节　物理概念思维型课堂的构建

物理概念是反映物理现象和物理过程本质属性的一种抽象，是在大量观察、实验的基础上，运用逻辑思维的方法，把一些事物的本质、共性特征集中起来加以概括而形成的。[9]物理概念反映事物共同的特征和本质属性，物理知识大厦是由大量物理概念搭建起来的，概念学习是物理学习的基础。物理概念的思维型课堂，就是要学生经历形成概念、理解概念、形成概念结构、应用概念的过程。学生的思维能力是在概念形成及概念应用的一个个学习活动中培养的。学习一个概念，要让学生知道概念是什么，如何形成，怎么用，理解概念的内涵和外延。

### 一、反思自己的概念教学

物理概念教学是物理教学的基础性工作。如果学生不理解物理概念，就无法建立概念间的逻辑联系，无法构建物理知识大厦。目前，概念教学存在以下一些问题：

1. 没有给学生提供充分建构概念的感性材料

概念是事物共同特征的概括，需要丰富的感性材料。但是教师为了加快进度，在学生没有获得丰富感性认识的基础上，直接将概念教给学生，导致学生的大脑难以同化或顺应这些概念。比如，杠杆概念教学中，如果教师没有让学生体验剪刀、电工钳、跷跷板的使用过程，直接告诉学生能绕某一固定点转动的硬棒叫杠杆，这样的讲解显得很空洞，学生就会觉得杠杆抽象难懂。又比如，学习比热容的概念，需要学生先获得感性认识：质量相同的水和沙子，吸收相同的热量，沙子升温快；质量相同的水和沙子，升高相同的温度，水吸收的热量多。教师在学生获得感性认识的基础上，引导学生认识：质量为1kg的不同物质，在温度升高1℃时，吸收的热量是不同的，从而引入比热容的概念。

### 2. 没有让学生经历形成物理概念的思维过程

在现实概念教学中，教师往往没有认清师生在概念学习中的角色定位，把自己当成主角，通过举例子认真讲解概念表述的每句话的意思，试图使学生理解概念的含义，提高概念教学的效果。教师认为自己的详细讲解可以帮助学生理解物理概念，没有意识到学生才是学习概念的主体，需要学生经历自主建构过程。

以下是一位教师讲授速度概念的教学片段：

师：比较物体运动快慢的方法有哪些？

生：相同时间内比较运动的路程。比如百米赛跑中，人们通过观察谁跑在前面来判断谁跑得快。

生：相同路程内比较运动的时间。比如百米赛跑中，人们通过计算运动员跑完一百米路程所用的时间来判断谁跑得快。

师：物理学中运用相同时间内比较运动路程的方法来比较物体的运动快慢。速度等于路程与时间的比值。

于是教师开始讲解速度的公式、单位及计算等知识。

在本教学片段中，教师提问学生如何比较运动快慢，学生回答了两种方法，教师就开始讲解速度的概念，学生并没有经历运用比值定义法来定义速度的过程。对于学生来说，他们清楚可以通过相同时间内比较运动路程或通过相同路程内比较运动时间来判断物体运动快慢。但是，如果时间不相同，路程不相同，如何比较物体运动的快慢？教师并没有引导学生思考这个问题，而提出这个问题是建构速度概念的关键。教师提出这个问题后，引导学生运用路程与时间的比值来判断物体运动的快慢，这样学生在解决问题过程中，经历了用比值定义法来定义速度的思维过程，学生自然而然地建构了速度的概念。

### 3. 没有检验学生是否真正理解概念

教师在引导学生自主建构物理概念后，还要检验学生是否真正理解物理概念。于是教师需要准备一些题目，这些题目能反映学生对概念的理解程度。比如，学生学习了密度知识后，教师需要设计一些题目给学生做，以便评估学生是否理解密度概念。比如：

（1）一把铁锤与一根铁钉相比，哪个质量大，哪个密度大？

（2）"密度与质量成正比，与体积成反比。"这句话对吗？

（3）一个物体质量是79g，体积为10cm³，则该物体的密度为多大？如果将该物体切走一半，则剩下部分的密度为多大？

这些题目考查了学生是否真正理解密度的含义。学生需要理解密度是物质的一种特性，是用比值定义法来定义的，同种物质质量与体积的比值相同；不同物质的质量与体积的比值一般不同。学生理解了密度的含义就能得到正确的答案。第1题铁锤的质量大，铁锤与铁钉的密度一样大。第2题表述的话不对，密度与质量和体积无关。第3题物体的密度是7.9g/cm³，如果将该物体切走一半，剩下部分的密度仍是7.9g/cm³。

在初中物理思维型课堂概念教学中，教师不能想当然地认为学生都可以理解概念，通过布置练习题，让学生输出他们对概念的理解，可以检查学生对概念的理解是否科学和正确。

## 二、概念教学思维型课堂的构建

对于以概念学习为主的物理课堂而言，教师要培养学生的思维能力，就要让学生经历建立概念的思维过程；在建立概念后，学生还要去理解概念的内涵，形成知识的结构，使新概念与一些相关的旧概念建立逻辑联系，明确新概念在知识体系中的位置，最后应用概念，输出对概念的理解，这是概念教学的一般流程。学生对物理概念的学习有三种情况：①学生从来没有接触或听说过有关概念。一些物理概念在一些学生的大脑中从来没有存在过，这是因为他们在生活中没有接触过这些概念，也没有听过这些概念的有关描述。比如一些学生在生活中从来没有接触过凝华、热值、比热容等概念，对这些概念非常陌生。对于这种情况，教师需要给学生丰富的感性材料，让物理概念在学生头脑中"无中生有"。②学生听说过与物理概念相同或相似的名称，但是该概念在生活中的意义跟物理学中的意义不一致。比如学生经常会在语文课中听到"感情升华"，对"升华"有了一定的了解，但是语文课中教师所说的"升华"与物理学中物质的"升华"表示的意思并不相同。学生在生活中经常听到"做工"，但是生活中的"做工"与物理学中的"做功"表示的意思不同。学生在生活中经常听到"效率"，但是生活中所说的"效率"与物理学中所说的

"效率"并不相同。很明显，生活中所说的"效率"是指在一定时间内完成的任务多少，而物理学所说的"机械效率"指的是有用功占总功的百分比。学生先接触的这些生活中的概念会对学习物理概念造成干扰。学生只要经历物理概念形成的过程，理解概念的内涵和作用，就会将其与生活的概念作出明确区分。③对于大部分学生来说，在生活中就已经听说过一些物理概念，在大脑中有一定的感性认识，如音调、回音、响度、熔化、蒸发、力、形变、速度、压力、浮力、光的反射、电流、电压、静电等概念。比如，学生在生活中经常听到静电这个名称，在冬天里也观察过静电现象，但是没有去思考静电产生的原理，教师要因势利导，在学生对静电已有初步认知的基础上，进一步让其了解静电产生的原理。

1. 经历概念形成的思维过程

物理概念的形成过程一般为：教师创设物理情境，学生对事物进行观察和比较，抽象出事物的共同特征，再概括事物的共同特征形成概念。在概念教学中，教师利用物理实验、生活中的现象、视频、故事等创设情境，使学生在情境中观察、体验、思考，获得丰富的感性认识。学生在观察事物或现象后，教师启发学生思考事物的共同特征，将这些共同特征抽象并表述出来，通过概括的思维方法，形成物理概念。这跟传统的概念教学方法是不同的，它让学生经历概念的形成过程，学生有观察、思维的参与，能知道概念是如何来的，表示什么意思，反映的是物质的什么特征。而传统的概念教学，教师以讲解概念为主，把概念灌输给学生，然后举大量例子促进学生对概念的理解。

以学习凝华概念为例，传统的教学方法是，教师先讲解什么是凝华，然后大量列举生活中凝华的例子以促进学生对凝华的理解。但是由于学生无法直观地看到物质由气态变为固态的过程，难以理解什么是凝华。如果让学生亲身经历概念形成的思维过程，学生就能深刻理解凝华是什么，知道凝华的温度条件。首先，提供丰富的材料给学生观察。学生对事物的认识是从观察事物或现象开始的。比如，让学生用酒精灯加热密封着碘粒的玻璃管，观察管内碘粒的物态变化，在管内的碘粒完全变为气体后，停止加热，引导学生观察玻璃管内碘蒸气的物态变化，观察玻璃管内壁是否附有固态碘。又比如，教师用烧杯装一些冰块，并在烧杯中加足够多的盐，引导学生观察烧杯外壁出现了霜。其次，引导学生在观察的基础上，找出这些现象的共同特征。碘蒸气变为固态碘，水蒸气变为冰晶，这两种现象的共同特征都是物质由气态变为固态。最后，概括这些现象的特征，建立凝华的概念。

例：比热容是初中阶段学生较难理解的概念。如何建立比热容的概念，使学生容易理解呢？

首先是创设情境。教师出示两个规格（功率、容积）完全相同的小型电热水壶，两支实验用温度计。提问："如果一个电热水壶装 1kg 的水，另一个装 1kg 的花生油，水和花生油的初始温度相同，请问，当水和花生油都升高相同的温度时，需要吸收的热量相同吗？"

学生思考并猜想。有的学生认为相同，有的学生认为不同。

教师继续追问："如何判断它们中谁吸收的热量较多呢？"

学生思考并讨论，找出判断水和花生油升高相同温度，谁吸收热量较多的方法。

学生回答："因为电热水壶规格是一样的，通过加热时间的长短就可以比较水和花生油谁吸收的热量较多。"

其次是进行演示实验。教师装好实验用温度计，同时给两个电热水壶通电并计时，观察温度计示数的变化，当温度计的示数达到设定的温度时（比如50℃），停止加热和计时。教师要求学生观察实验过程并记录实验数据，然后比较加热的时间。如果加热时间不同，加热时间长的，说明吸收热量多；加热时间短的，说明吸收热量少；如果加热时间相同，说明吸收热量相同。通过分析实验数据，学生发现 1kg 的水和 1kg 的花生油升高相同温度，加热时间是不同的，水加热的时间长，说明水吸收的热量多。通过实验，学生建立这种感性认识："质量相同的不同物质，升高相同的温度，吸收的热量是不同的。"不同的物质质量都是 1kg，升高的温度都是 1℃，但是吸收的热量不同，这反映了不同物质的一种特性。教师告诉学生，物理学中，引入比热容的概念来反映物质的这种性质。于是得出：质量为 1kg 的某种物质，温度升高（或降低）1℃，吸收（或放出）的热量就是这种物质的比热容。物理学中用比值定义法来定义比热容。

以下为如何建立功的概念的教学片段：

创设情境一：在水平面用力推桌子，推动了一段距离；用手将放在地面上的物品提起来；用手拉物体前进一段距离。

创设情境二：用力推讲台，推不动；用手提地面上的物体，提不起来；用手拉物体，拉不动。

创设情境三：用手提着水桶沿水平方向前进一段距离；用手端着书沿水平

方向前进一段距离。

师：情境一事例中，有哪些共同特征？

生：情境一的事例中都有力和距离两个要素，物体在力的方向上都移动了一段距离。

师：情境二事例中，有哪些共同特征？

生：情境二事例中都有力和距离两个要素，有力但是没有距离。

师：情境三事例中，有哪些共同特征？

生：情境三事例中都有力和距离两个要素，有力有距离，但是移动方向与力的方向垂直。

师：在情境一中，物体在力的方向上移动一段距离，我们就说这个力对物体做了功。在情境二中，有力但是物体没有移动距离，力对物体没有做功。在情境三中，物体移动的方向与手对物体施加的力的方向垂直，手对物体施加的力没有对物体做功。

师：功是一个概念，是一个物理量，有大小。功的大小等于力和物体在力的方向上移动的距离的乘积。

经过一系列的建构功的概念的过程，学生就理解了生活中所说的"做工"与物理学所说的"做功"的不同之处，理解做功的真正含义及如何计算力做功的大小。

2. 理解物理概念

学生从事物或现象中抽象出共同特征并概括出物理概念，需要理解概念的来源、内涵及外延。理解概念就要把握事物或现象的本质属性，理解这些属性的含义。理解概念的外延就是要理解概念的范围和边界，能分清哪些事物或现象属于这个概念范畴，哪些事物或现象不属于这个概念范畴。

比如理解功的概念就要理解做功的本质属性是力和物体在力的方向上移动了距离，做功需要具备两个要素：力及在力的方向上移动的距离，缺一不可。理解功的外延就要学生能判断一般事物或现象是否具有这些本质属性，是否属于做功的范畴。比如，力作用在物体上使物体前进一段距离，力的方向与物体前进的方向夹角为锐角，这个时候，力的方向没有完全与物体前进的方向一致，那这种情况是否属于做功的范畴呢？这就属于功的外延，这种情况也属于力对物体做了功。如果力作用在物体上，物体移动的方向刚好与力的方向相反，这种情况是否属于做功的范畴呢？这种情况属于做功，只是力对物体做的是负功。又比如，一个足球在光滑水平面（没有摩擦）运动，那这种情况是否属于做功的范畴？因为足球只受到重力，而足球运动的方向与足球受到的重力的方向垂直，足球受到的重力没有对足球做功。由此可见，对于一个物理概念，理解它的内涵很重要，理解它的外延也很重要。只有理解了概念的内涵和外延，才能真正建构清晰的物理概念，不会对概念有模糊的认知。

比如理解热量的概念。热量是热传递过程中内能改变的多少。理解热量的内涵就是要把握热传递及内能改变这两个属性，热传递是前提，没有热传递，就没有热量的概念；如果通过热传递使物体内能增加了，增加的那部分内能叫热量，如果通过热传递使物体的内能减少了，减少的那部分内能叫热量。如果对物体做功，物体的内能增加了，那增加的那部分内能是否叫热量呢？对物体做功使物体内能改变不属于热量范畴。通过思考热量的本质属性及外延，我们能清晰地界定热量的概念。在表述上，我们可以说吸收热量、放出热量、传递热量，但不能说吸收内能、放出内能、传递内能；可以说具有内能，不能说具有热量，也不能说物体的温度越高，具有的热量越大。

3．形成概念结构

每一个概念都不是孤立的，学生学习了一个新的概念，就要与旧的概念建立联系，才能形成一个有逻辑联系的知识体系。学生要调整概念图，将新概念放置在大脑概念图的恰当位置，建立新旧概念的有机联系，便于理解概念、应用概念、建构新的概念。比如学习了热量概念后，就要把热量与内能概念联系起来。改变物体内能的方式是做功和热传递。在没有热传递的情况下，对物体做功，物体内能增加；物体对外做功，物体内能减小。在没有做功的情况下，物体吸收热量，内能增加；物体放出热量，内能减少。可见热传递、内能是热量的上位概念，这些概念构成了热量的概念。与热量有关的还有热值及比热容等概念。热值是用热量与燃料质量的比值定义的，反映的是燃料的燃烧性能。比热容是用热量与物质的质量、变化的温度的比值定义的，表示的是物质的吸放热的性能。但是热值和比热容并不相同，热值只针对燃料，比热容针对的是物质，它们所表达的物理意义并不相同。当学生学习了热量、热值、比热容等概念后，教师引导学生绘制概念图，将热量与内能、热传递、热值、比热容等热学概念联系起来，形成概念结构，这样学生就不会对这些关联的概念产生混淆。

4．应用物理概念

（1）概念应用方面存在的问题。

首先，重视讲，不重视用。教师经常会听到学生说："老师，我上课听懂了，但是做题却做不出来。"这是很多学生的共同问题。这跟教师的教学有关，教师精心备课，运用各种教学方法，希望能把概念讲清楚，让学生建构概念、理解概念。教师认为，学生听懂了就会用了，于是在思想上重视学的环节，不重视用的环节。在学与用的认识上，很多教师强调学，要求学生学懂学会，但是忽略了用的环节，忽略了从学会到会用的转化。一节课都是教师主导讲解，没有给学生运用的时间，导致学生学会了，但是不会输出应用。

其次，教师没有提供应用概念的方法。在应用概念解释生活现象时，学生根据自己的理解，尝试去作出解释，但是部分学生最初的解释并不完整，表达也不到位。比如让学生解答为什么冬天脱衣服时会看到电火花。学生知道是静电现象，但是一些细节却没有描述出来：这些静电是什么物体与什么物体摩擦产生的，为什么会积聚在一起，等等。因此，教师提供正确的方法指导显得非常重要。针对上述问题，教师可以让学生清楚表达静电来源、静电环境、放电现象。

再次，教师没有强调对概念的理解和记忆。教师讲解了概念后，认为讲了，学生就懂了、记住了，没有检查学生的理解和记忆情况。有部分学生确实在课堂上听懂了，但课后过几天就忘记了。一些学生学习概念的有关公式后，记不住公式，一些学生即使记住了公式，却不知道每个符号的意思。教师没有及时复习概念、检查学生对概念的理解记忆情况，没有强化对概念的应用，导致学生遗忘很快。

最后，缺少概念应用练习题的设计。在概念应用环节，很多教师提供给学生的练习具有随意性，没有思考为什么要给学生布置这些练习，这些练习对促进学生应用概念有什么作用，而且教师给学生运用概念的练习不够系统、全面。学生建构了物理概念后，从理解概念到运用概念需要通过练习来实现，这需要教师精心设计这些练习。学生学习了一个概念后，教师要思考设计一些练习以促进学生对概念的理解和应用。这些练习要具有针对性、运用性，通过不断变换情境，让学生在新情境中提高运用概念解决问题的能力。

（2）如何应用概念？

要求学生应用物理概念解决问题，是概念教学的最终目的。学生在应用概念的过程中，务必会对概念进行再理解和再强化，然后针对要解决的问题，输出经过加工之后的理解。初中阶段学生学习的物理概念较多，一些概念没有定义公式，比如惯性、光的反射、光的折射、物态变化名称、杠杆、滑轮等，有一些概念是有相关公式的，比如密度、压强、功、功率、机械效率、电功率等。学生应用物理概念主要是解释生活中的物理现象，或者应用概念的有关公式进行计算，以获得物理量的数值。在应用物理概念前，务必理解概念的内涵，弄清楚是否有相关的计算公式，务必理解公式中每个物理量的意义及其所用的单位。概念应用是概念教学的最后一个环节，能检查学生是否真正理解概念，能培养学生应用概念解释物理现象或解决物理问题的能力。学生在应用中加深对概念的理解，同时教师可以了解学生在应用概念中是否存在问题，并及时给予纠正。

①应用概念解释生活中的现象。

学生应用概念解释生活中的物理现象时，要明确研究对象，思考这些生活现象对应哪些物理概念，从大脑的概念结构中，调用有关物理概念作出科学解释，并作出符合逻辑的清晰表达。

例1：学习了光的折射概念后，要求学生解释：为什么人在岸上看池水中水底的物体 A 好像变浅了？

教师引导学生思考：这个问题属于什么物理概念范畴？这个问题的研究对象是什么？

生：研究的对象是水底物体 A 反射的光，涉及的物理概念是光的折射。

师：水底物体 A 反射的光进入人眼，是如何导致人看到水底物体 A 变浅的？

教师引导学生通过语言或画图，将水底物体 A 反射的光从水中向空气中传播，最后进入人眼的过程描述出来，并作出科学解释。

生：水底物体 A 反射的光从水中进入空气，在水面处发生折射，折射光偏离法线，进入人眼，而人感觉光沿直线传播，觉得光是从 $A'$ 处传来的，导致看起来物体 A 变浅了，如图 4-1 所示。

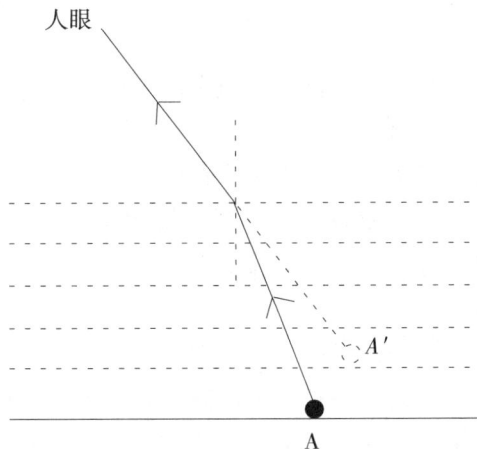

图 4-1

　　学生在表述时可能会出现表述不准确或表达不清晰或逻辑性不强的情况，教师要肯定学生开口表达，并有针对性地指出存在的问题，指导学生改正思维上的错误。

　　例2：学生学习了液化的知识后，教师要求学生解释：在冬天用烧水壶烧开水时，水烧开后，壶嘴的上方出现了大量白气是什么原因？

　　生：是液化现象。

　　师：是什么物质液化？

　　生：水蒸气液化。

　　师：水蒸气为什么液化？

　　生：遇冷液化。

　　师：在哪里遇冷？

　　生：在壶嘴上方。

　　最初，学生利用液化概念解释问题时，回答是碎片化的，有部分学生知道是液化现象，但是难以将问题说清楚，主要原因在于分不清要描述的对象，也难以用语言描述物理过程。教师应指导学生说清楚解答方法：首先是根据水蒸气的来源、水蒸气的运动情况、水蒸气遇到的环境，说明水蒸气的液化情况。再要求学生按教师指导的方法将解释表述出来：烧开水时开水汽化产生水蒸气，水蒸气在上升过程中，遇到冷空气，液化形成小水珠。通过这种方式，学生形成用概念解释生活问题的答题思路和模型。

　　例3：学生学习了压强概念后，教师要求学生解释：为什么书包带都做得扁而宽？

　　对于这个问题，学生需要应用压强概念来解释。教师指导学生对这个问题作出解释：先描述现象，再说明这种现象是增大受力面积，还是减小受力面积，是增大压力还是减小压力，最后说明这个因素对压强的影响。按这个思路，学生就能回答出：书包带做得扁而宽，增大了书包带与肩膀的受力面积，在压力一定时，可以减小书包带对肩膀的压强。

　　②应用概念的公式解决问题。

　　概念的有关公式一般用于分析有关问题，或用于有关计算。学生需要理解公式的来源、公式的物理意义，弄清每个物理符号的意义及所用的单位、这些单位的换算关系，等等。学生记住并理解公式的物理意义是正确应用物理公式的前提。教师在教学物理概念公式后，要布置学生完成一些具有针对性的练习，培养学生应用概念公式分析、解决问题的能力，同时检查学生是否正确输出对概念的理解。

比如，学生学习了液体压强与浮力后，让学生运用相关公式解决以下问题：生活中用锅烧水，水烧开后，一个气泡从锅底上升到水面破裂开来，这个气泡在上升过程中（还未到达水面），它受到压强和浮力大小如何变化？对于这个问题，教师首先要引导学生思考需要用到哪些公式，这些公式是否适用，再利用公式分析问题。学生应想到液体压强公式 $P_液 = \rho_液 gh$ 和浮力公式 $F_浮 = G_排 = \rho_液 V_排 g$，再分析公式中每个自变量的变化，最终确定因变量的变化。教师引导学生利用液体压强公式分析气泡受到液体压强的变化情况，$\rho_液$ 不变，$g$ 不变，$h$ 变小，气泡受到的压强变小；利用浮力公式分析气泡受到浮力变化情况，$\rho_液$ 不变，$V_排$ 变大，$g$ 不变，气泡受到的浮力变大。

又如，要求学生回答：货车爬坡为什么要减慢速度？教师指导学生解题方法：分析货车的状态，选择有关概念，分析有关因素，阐述答案。学生分析：货车处于爬坡状态，需要较大的力，功率与力和速度有关。学生组织语言表述：货车爬坡时，输出的功率一定，根据公式 $P = Fv$，当货车输出功率一定时，减慢速度，可以增大牵引力。

应用概念有关公式进行计算，是概念应用的重要方式，能培养学生应用概念解决实际问题的能力。学生在应用概念公式进行计算前，务必理解公式的物理意义，考虑公式的适用性。

比如，学生学习压强概念后，教师训练学生应用压强概念定义公式进行计算的能力，布置典型的应用题给学生。

例：一个水杯放在水平桌面上，水杯总质量为 200g，水杯与水平桌面的接触面积为 30cm²，求水杯对水平桌面的压强。（$g = 10N/kg$）

应用压强定义公式求解，首先要理解压强公式意义，压强是压力与受力面积的比值，因此学生要在题目中找出压力大小，找出受力面积大小，才能求出压强的大小。引导学生先进行单位换算，将 200g 换算为 0.2kg，将受力面积 30cm² 换算为 0.003m²，再进行计算。先求出压力 $F = G = mg = 0.2kg \times 10N/kg = 2N$；通过压强公式 $P = \dfrac{F}{S}$ 可以计算出压强的大小。学生解答本题，需要真正理解压力、受力面积、压强的概念及单位换算的意义，这样学生在解答其他题目时，就不会乱套公式或不统一各物理量的单位。因此，应用概念公式要在理解中应用，在应用中加深理解，形成迁移能力。

又比如，学生在学习了电阻概念后，为了加深对电阻概念的理解，要练习用电阻公式解决问题。

例：一段导体两端加3V电压时，通过这段导体的电流为0.2A，当导体两端加2V的电压时，通过这段导体的电流为多少？

在本题中，教师要指导学生理解电阻的概念，理解电阻是导体本身的一种性质，与电压、电流无关。如果学生不理解电阻的本质，将无法完成本题。学生知道电阻不变之后，就会通过电阻公式计算出导体的电阻值，然后用2V的电压除以电阻值就可计算出通过导体的电流。

构建初中物理概念教学思维型课堂，需要学生经历概念的形成过程，理解概念的内涵和外延，最后学会应用概念解决问题，这些过程都需要学生思考，因此能有效提高学生的物理思维能力。

③概念教学评价。

这里所说的概念教学评价，一方面是指评价教师实施概念教学所取得的教学效果，通过评价能发现教师在概念教学中做得好的地方和做得不好的地方；通过评价能改进教学，促进学生的学习。另一方面是指评价学生的学习效果，通过评价激发学生上进心，了解学生学习状况，促进学生学习。

传统的概念教学评价存在以下问题：

首先，传统的概念教学评价重在评教。更多关注教师的教学本身，比如教学目标是否明确，教学方法和手段是否科学，教学环节是否流畅，教态是否自然，板书是否突出重点，等等。这种评价把教师的教放在中心，忽略了对学生学习过程及学习效果的评价。事实上，学习概念的是学生，学生学得怎样学生自己最清楚。

其次，传统概念教学评价，缺乏诊断性评价。学生学习了概念后，教师没有精心设计一些习题，没有通过习题诊断学生理解概念和应用概念的情况。这个问题是较为明显的，因为教师习惯性认为，自己把概念讲清楚了，学生就能理解了，学生理解了就会应用了，这是对学情的错误判断。

最后，在评价学生方面，缺乏过程性评价，以基本测验评价为主，对学生评价的方式比较单一。

为避免评价方式单一的问题，教师可以通过问卷让学生评价教师的教学效果，体现学生主体作用。然而，学生是初学者，在对教学效果的评价上，过多以自己是否听懂教师讲解为依据，具有一定局限性，因为学生评价所依据的不是课标要求，更多的是自己的感受。

教师还可以通过设计问题提问学生，如果学生回答正确，说明自己的概念教学效果好。但由于能被提问到的学生数量少，这种评价方式缺乏说服力。

要科学评价概念教学的效果，需要教师根据义务教育物理课程标准要求，命制一份典型的检查学生学习效果的诊断性检测题，重点检查学生是否真正理解概念，是否能在新的情境中应用概念。如果教师自己评价自己效果好，或者学生评价教师教学效果好，但是学生做题反馈的结果不理想，说明教师及学生的评价都不具说服力。学生的答题情况，是评价教师概念教学效果的最有力的依据，也是评价学生掌握概念情况最有力的依据。

进行多元评价，让学生得到更多的肯定，能促进学生的学习。通过课堂测评评价学生，了解学生掌握情况，表扬做得好的学生，帮助做得不好的学生；通过学生开口表达评价学生，比如在课堂上提问学生，依据学生的回答评价学生；通过学生的书面作业评价学生，比如布置作业要求学生列举生活中增大摩擦力的例子；通过实践性作业评价学生，比如布置学生做家庭实验，拍摄实验作品，根据学生实验完成情况评价学生。多元评价可以让学生在学习过程中看到自己的阶段性学习成果，也可以让学生看到自己的不足，激发学生学习动力，还可以让学生学会自我改进。

物理概念思维型课堂的结构如图 4 - 2 所示。

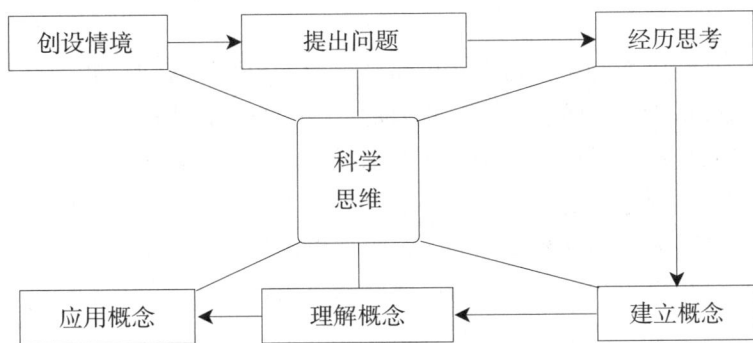

图 4 - 2

# 第二节　物理规律思维型课堂的构建

　　分析学情、分析教材、选择资源是实施思维型课堂的准备工作。思维型课堂起于问题，学生针对要探究的问题作出猜想和假设，寻找证据证明自己的猜想或假设，基于证据进行推理或论证，得出结论或建构模型，建构对物理的理解及知识结构，教师举例，学生模仿、应用物理知识解决问题，自主应用物理知识解决问题或进行创新活动。图4-3为物理规律思维型课堂的结构图。

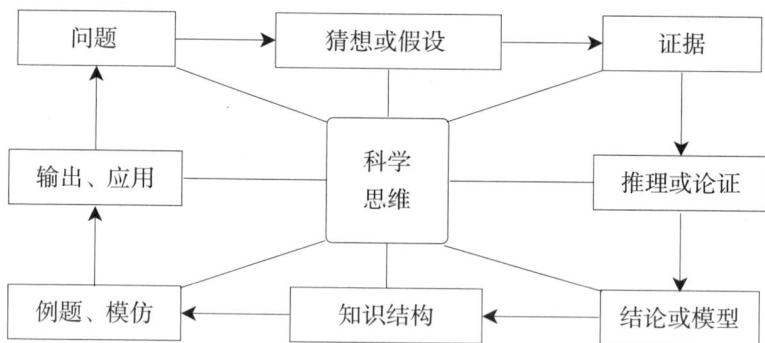

图4-3

## 一、提出有价值的问题

　　学生习惯于听教师讲，习惯于模仿，但是不习惯于提出问题，这是普遍现象。有些教师认为学生听教师讲是重要的，学生自己提出问题并不重要，而且还会影响教师的教学进度。由于一些教师无法回答学生追根究底的提问，他们往往不希望学生提过多的问题。但是，学生提出问题是一种优良的学习品质，是深度学习的开始。即使教师回答不了学生提出的问题，也应该鼓励学生提出问题，表扬学生提出问题，这是教师应有的素养和胸怀。怎样的问题才是有价值的问题？一是可以让学生对知识有更深入、全面的理解的问题；二是能引导学生去探索新发现的问题；三是能对一些结论的严谨性、正确性提出疑问的问题。

　　1. 问题的来源

　　学生提出问题往往源于对学习的专注与热情。一个对什么事物都漠不关心的学生，自然不会提出问题。只有内心充满好奇心的学生，才会发现问题、提出问题。学生热爱学习、主动学习是提出问题的前提。一个爱学习的学生能从哪里发现问题呢？

（1）源于对事物的好奇。学生在观察事物、现象时，好奇心驱使学生去思考事物、现象背后的原理。如秋天早晨，路边小草上有露珠，这种物理现象对学生来说是很常见的。没有好奇心的学生对这些现象视而不见，但是有好奇心的学生就会发问："这些露水是哪里来的？"具有好奇心的学生，往往会对一些生活中的现象追根问底，追求真相。

（2）源于对事物认知的先后冲突。当教师呈现、学生观察的事物或现象与学生原有的认知不一致时，学生的大脑就会产生问题：为什么我看到的跟我原来想到的不一样？背后的原因是什么？如演示能量转化，教师用绳子系着一个重球做成一个单摆，将摆球拉到鼻子处（A处），松开手让球摆动（见图4-4）。学生都认为重球摆回来会撞到教师的鼻子，希望教师后退一步，但是学生观察到，重球摆回来时并没有撞到教师的鼻子，由此产生了疑问，为什么摆球不会撞到教师的鼻子呢？

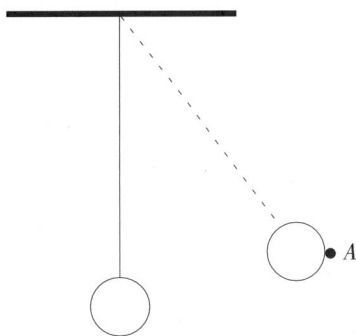

图4-4

（3）源于质疑。当教师或书本等给出关于一些事物或物理现象的解释时，学生提出疑问。学生可能对获得证据的实验过程、实验方法、实验数据进行质疑，也可能对实验结论或物理模型进行质疑，一旦学生产生质疑，新的问题就会产生。

2. 培养学生提问习惯

爱因斯坦说："提出一个问题往往比解决一个问题更重要。"这说明提出问题在科学研究中的重要性。但是现实中学生不善于提出问题，习惯于听教师提出问题、讲解问题，其主要原因是教师没有意识到培养学生提问习惯的重要性，认为教学成绩与学生提问没有多大关系，没有去培养学生提问的习惯，也没有保护一些爱提问的学生的好奇心。因为教师对学生提出问题不重视、不鼓励、不肯定，导致学生没有提问意识，不敢问，不想问。教师培养学生的提问习惯，要做到以下几点：

（1）转变观念，认识培养学生提问习惯的重要性。教师要充分认识到，物理探究是以问题为起点的，培养学生提出问题的习惯，学生理解问题的前因后果，进行深度学习和探究，有利于提高教学质量以及培养学生的核心素养。

（2）营造宽松的学习环境，鼓励学生提出问题。如果学生提出的问题在课堂上无法解决，可以先记下来，课后及时找学生讨论。教师对学生提问的态度会直接影响学生提问的积极性。学生提出问题能得到教师的积极反馈和肯定评价，就能激发学生提问的热情。如果学生提出了问题，教师漠不关心，甚至教育学生不要钻牛角尖，那提问的学生会越来越少。

（3）保护学生的好奇心。好奇心是驱动学生学习物理的动力，一旦学生的好奇心消失，学生对物理学习就会失去兴趣。保护学生的好奇心，就要满足学生的好奇心，当一些学生对物理现象有好奇心时，教师要与学生一起去探究，让学生获得想要的答案，获得成就感。

3. 如何提出有价值的问题

引导学生善于提出问题。提出问题不是胡思乱想，而是有一定根据的思考与提问。

（1）引导学生用心观察生活，提出问题。比如在家里煮汤圆，当汤圆漂浮在水面上的时候，学生只要用心观察汤圆的变化，就会发现汤圆时不时地翻转过来。针对这些细节，可以提出问题：为什么煮汤圆时，汤圆在水面上会发生翻转？

（2）引导学生善于对比，在差异中提出问题。通过对比，找出事物或现象间的共同点与不同点，在此过程中提出想了解的问题。比如，用两个一样的烧杯，一个烧杯装上热水，另一个烧杯装上等质量的冷水，用滴管分别向两杯水中滴一滴质量相同的黑墨水，结果黑墨水在热水中扩散得更快。学生通过对比，会提出问题：为什么黑墨水在热水中扩散得更快呢？

（3）引导学生进行实践，在实践中提出问题。学生将学到的物理知识用在实践中，无论是进行实验还是制作作品，考验的是学生运用知识的能力和动手操作的能力。而学生在实践中会遇到一些困难，面对困难，学生会提出问题。比如，让学生在家里利用常见物品进行摩擦起电实验。这个实践活动会引发学生提出很多问题：摩擦哪些材料容易起电？如何操作更容易起电？如何反映起电量的多少？如此等等。

（4）引导学生针对概念、规律提出问题。学生在学习概念时，对概念的内涵和外延提出问题；在学习规律时，对规律本身的内容及适用条件提出问题，以便更好地界定概念、理解概念、理解规律的适用条件。比如，学生学习功的概念，"如果一个力作用在物体上，物体在这个力的方向上移动了一段距离，就说这个力对物体做了功"（人教版物理八年级下册第88页），教师引导学生在理解这个概念的过程中，提出一些问题。在水平面上拉物体，如果力的方向与物体移动的方向不在同一方向上，而是成一个锐角的角度，力对物体做功吗？如果力的方向刚好与物体运动的方向垂直，力有对物体做功吗？如果力的方向与物体运动方向的夹角大于90°，力有对物体做功吗？学习了"浮力的大小与物体浸在液体中的体积及液体的密度有关"这个规律后，教师引导学生提出问题：物体所受浮力的大小与液体的流速是否有关？物体所受浮力大小与物体密度是否有关？

（5）引导学生对实验提出问题。教师要引导学生思考实验方法是否科学，是否可优化，是否有更好的方法；思考实验器材是否适合实验，是否可以优化；思考实验操作过程是否科学；思考实验证据是否可靠；思考论证过程是否科学。经过对实验过程的思考，学生提出有价值的问题。

比如"探究平面镜成像规律"实验，课本给出的器材是玻璃板、大白纸、蜡烛、火柴、刻度尺等。引导学生观察器材，提出问题："为什么用玻璃板而不用平面镜？为什么要用两支一样的蜡烛，这两支蜡烛各有什么用？"

又比如"探究阿基米德原理"实验，在实验操作中，用弹簧测力计吊着圆柱体放入装满水的溢水杯中，实验中要尽量保证圆柱体的体积与圆柱体排出水的体积相等。但是实验操作中，由于手的抖动，排出的水变多，导致实验误差变大。为减小实验误差，教师引导学生提出问题："如何避免手动操作造成较大的误差？"

## 二、进行猜想或假设

引导学生对要研究的问题进行猜想或假设是构建物理思维型课堂的重要环节。对问题进行猜想或假设，使探究的目的更为明确。

所谓猜想，就是对问题答案的猜测。猜想不是胡思乱想，是有一定根据地想，即基于学生经验基础，联系要研究的问题，初步猜测可能的答案。猜想需要经过论证，才能确定是否正确。比如针对问题"滑动摩擦力的大小与哪些因素有关"进行猜想，学生不能没有任何根据地乱想。教师要引导学生联系生活进行猜想，联系生活中与摩擦有关的事例，猜想影响滑动摩擦力大小的因素。比如联想生活"跑步时穿上鞋底粗糙的鞋子不容易打滑""自行车的把手做得粗糙"，可以提出猜想："滑动摩擦力大小可能与接触面的粗糙程度有关。"联想生活"为了将衣服洗得更干净，用力搓衣服""用铅笔画画时，为了更改画作，用橡皮擦用力擦"，可以提出猜想："滑动摩擦力的大小可能与压力的大小有关。"

假设就是对问题的答案进行预设。比如提出问题："物体的运动是否需要力来维持"，学生可以假设"物体的运动需要力来维持"，也可以假设"物体的运动不需要力来维持"，假设是否成立需要后续的证据支撑。又如，在做探究平面镜成像规律实验时，针对问题"为什么实验用玻璃板而不用平面镜"，学生可以假设"用平面镜能完成实验"。需要注意的是，假设是一种预设，是否成立还不确定。

## 三、获取证据

物理证据就是能证明猜想是否正确或假设是否成立的数据、文献资料、物理现象等材料。学生对研究的问题提出猜想或作出假设，猜想是否正确、假设是否成立都需要证据支撑，因此收集证据显得尤为重要，只有经过基于证据的论证，才能提出科学的观点或得到结论。如何获取有效证据？

（1）通过实验去获得证据。学生提出猜想后，设计实验方案进行实验，收集实验数据，记录实验现象。比如学生提出了"滑动摩擦力的大小可能与压力的大小、接触面的粗糙程度有关"的猜想。为了获得猜想是否正确的证据，学生可以运用控制变量法设计并进行实验：控制接触面的粗糙程度不变，改变压力大小，研究滑动摩擦力大小与压力大小的关系；控制压力大小不变，改变接触面的粗糙程度，研究滑动摩擦力的大小与接触面粗糙程度的关系，通过以上实验获得实验数据。

（2）通过查阅文献资料获得证据。查阅他人的研究成果作为自己猜想或假设的证据。比如探究平面镜成像规律，点燃一支蜡烛后，学生看到两个不重合的像，为什么会出现两个像呢？针对这个问题，学生会猜想产生这两个像的原因，可能其中一个像是光的反射形成的，另一个像是光的折射形成的；可能两个像都是由玻璃板两个反射面形成的。为了证实猜想，教师引导学生查阅别人的研究资料，以获取有关证据。

（3）从生活实际中获得证据。比如声音能在水中传播吗？人在水池旁边讲话，水池里的鱼会有所反应。分子是运动的吗？生活中，炒菜时，较远处也能闻到香味，这是分子运动的证据。

在课堂中，教师引导学生基于要探究的问题，设计收集证据的方案，自主去获取有关证据。学生应明确自己要研究什么、要获得哪些证据，并经历获得证据及处理证据的过程，提高收集证据的能力及意识。

### 四、推理或论证

科学推理是物理核心素养中科学思维的一个要素，是从已知事实得出结论的过程。科学推理的前提是要有科学的证据，要确保证据的可靠性，这样经过证据推理出来的结论才是科学的。推理可以让人们从已知的事实中获得未知的信息。在初中物理思维型课堂中，要培养学生的推理能力，就要引导学生在获得可靠证据的基础上，经历推理过程，去获得结论。推理的过程是：先用科学的方法收集证据，然后评估证据的真实性，最后基于证据进行推理。

比如，探究"阻力对物体运动的影响"的实验，让同一小车从斜面上同一位置自由滑下，每一次落在不同粗糙程度的水平面上。得到了实验事实：小车开始在水平面运动的速度相同时，水平面粗糙程度越小，小车运动的距离越远。由此推理出：当小车在水平面开始运动的速度相同时，水平面越光滑，小车受到的阻力越小，运动得越远。如果水平面没有阻力，小车将会以不变的速度永远运动下去。

又比如，探究声音能不能在真空中传播。将电铃置于真空罩中，用抽气机不断抽出真空罩内的空气，在抽气的过程中，人在同一位置听到声音越来越小。通过实验得到了一个事实：真空罩内的空气越来越少，电铃传出的声音越来越弱。在事实的基础上推理：如果真空罩内的空气完全被抽出，声音将不能传出，说明真空不能传播声音。

在课堂中，要培养学生的推理能力，首先让学生明确事实，然后经历推想过程，得出结论后，将推理过程表达出来。培养学生推理能力的重要方法是让学生经历推理过程并表达出来。然而在现实教学中，教师总是包办学生的推理过程，学生虽然听懂了前因后果，但是这个前因后果间的联系不是学生自主构建的。这两者的区别在于，学生听懂教师的推理过程，但是在新的情境中，学生不一定会进行推理；而学生自己去推理，在新的情境中他会知道如何去推理。听懂推理过程和知道如何推理，是两种不同的思考过程。

科学论证是用证据来证明观点的过程。比如，在教授大气压知识时，教师演示覆杯实验，将一个玻璃杯装满水，再盖上硬纸片，将玻璃杯倒转过来，纸片不掉下来，这是什么原因？有观点认为是因为分子间存在引力，还有观点认为是因为存在大气压。对此，教师引导学生对这些观点进行科学论证。获取证据：学生将覆杯实验中的纸片托住水的装置轻放入真空罩中，慢慢抽气，观察纸片是否落下。论证过程：经过实验证实，把实验装置置于真空罩中，分子引力依然存在，但是抽气导致真空罩内气压减小，此时纸片掉下来了。说明纸片不掉下来是因为气压的作用而不是因为分子存在引力。

又比如，有学生认为轮船从长江驶入大海，轮船受到的浮力会变大。学生提供的证据是海水密度比河水密度大。学生论证的依据是阿基米德原理，但是没有考虑轮船排开水的体积的变化。事实上，轮船从河水驶入海水，轮船排开水的体积也在变化。有学生认为轮船从长江驶入大海，轮船受到的浮力不变。学生提供的证据是同一艘轮船在江水中漂浮再到在大海中漂浮，受到的重力与浮力二力平衡，轮船受到的重力大小不变，因此轮船受到的浮力大小不变。

要培养学生的科学论证能力，教师要给予学生充分的参与论证与表达论证过程的机会。首先，要让学生敢于提出自己的观点。让学生说出、写出自己认为是怎样的。其次，要让学生提供支撑自己观点的证据。证据来源要科学、真实可靠。最后，要让学生建立起证据与观点之间的逻辑联系，即将从证据到观点的推理过程表达出来。在现实的教学中，教师都是从证据到结论进行讲解的，讲解是因为什么所以才得到什么。在思维型课堂中，教师要鼓励学生先作出判断，然后找证据论证自己的观点是否正确，并让学生将自己的推理论证过程表达出来。学生的论证有可能证实观点的正确，也可能证实观点的不正确。

## 五、得出结论或建立模型

学生经过科学推理或科学论证过程，得出物理结论或建立物理模型。评估和理解结论或建构模型是物理思维型课堂的一个重要环节。

评估结论。当学生进行探究得到物理结论后，还要评估证据来源是否可靠，推理过程是否符合逻辑，是否符合实际，结论是否具有普遍性。重新审视得到的物理结论是很重要的。

理解结论的适用范围。比如，探究阿基米德原理得到了实验结论：浸在液体里的物体受到的浮力的大小等于被物体排开的液体受到的重力。我们还要思考，这个结论是否也适用于气体。比如欧姆定律的内容是："通过导体的电流与导体两端的电压成正比，与导体的电阻成反比。"我们要评估这个结论是否适用于所有电路。结论是欧姆定律只适用于纯电阻电路，并不适用于包含电动机、化学装置等电能不完全转化为内能的电路。

　　理解结论的内容。学生经历提出问题、进行探究、获得证据、得到结论的过程，知道了结论是怎么来的。在得到结论之后，还要理解结论是什么意思，结论的适用条件是什么，结论有什么用。比如牛顿第一定律，学生知道这一定律是在实验的基础上，经过推理得到的，定律的内容是："一切物体在没有受到外力作用的时候，总保持匀速直线运动状态或静止状态。"如何理解这个结论呢？可从三个方面去理解：适用对象、成立条件、产生结果。适用对象是一切物体；成立条件是在没有受到外力作用的时候；产生结果是总保持匀速直线运动状态或静止状态。但是学生对于"总保持匀速直线运动状态或静止状态"不理解。教师有必要引导学生对定律换一种描述，即"原来运动的物体，不受外力时，将做匀速直线运动；原来静止的物体，不受外力时，将保持静止"。这种描述能更好地促进学生对牛顿第一定律的理解。由此例可知，在思维型课堂中，对实验结论的再认识和再理解是很重要的。

## 六、形成知识结构

　　学生理解结论的内涵后，将新学习的结论与大脑中原有的一些知识建立联系，将新知识存放在知识体系中的合适位置，建立知识结构体系，既有利于记忆和理解，又有利于调用。结构化的知识体系，其知识间的联系比较清晰，而且概念间的界定也比较清楚，便于综合运用大脑中的各种知识解决问题。碎片化的知识是分离、模糊的，不利于综合应用。比如，学生理解了欧姆定律后，就要在大脑中建立电流、电压、电阻之间的联系，将欧姆定律与之前学习的串联电路、并联电路的电流、电压、电阻特点联系起来，形成清晰的电学知识结构。

## 七、例题、模仿

　　物理思维型课堂强调知识的输出与应用。对于刚学习的知识，学生还不知道如何应用，缺乏经验，感觉无从下手，这是大多数初学者共同的特点。举例和模仿是学生运用知识的必经过程。学生在学习例题的过程中，理解解题的格式、过程、方法，是熟练运用知识的开始。例题是经过精心挑选的具有基础性、针对性、代表性的题目，能引导学生明确知识应用条件、思路，提高解题能力。

教师举例。教师选择例题很关键。教师可以选择课本上的例题作示范，也可以将课本上的例题变式后作示范，还可以选择其他题目作示范。教师所举的例题，能使学生知道应用知识要考虑哪些条件，能使学生明白应用知识解决问题的一般思路，能使学生更正错误的认知。

例1：小明用力将一重为50N的水桶匀速提高0.5m，然后再水平移动1m，求整个过程中，小明对水桶做了多少功？

学生阅读例题，思考解题思路，初步进行解答。针对本题，很多学生直接套用公式，用50N的力乘以距离1.5m，以计算小明做功的大小。

教师讲解正确的解题思路，示范正确的解题过程。先分析小明提水桶的各个过程，判断小明是否对桶做了功，再运用功的公式进行求解。

本例题需要学生分析做功的条件，分析小明什么时候对水桶做了功，什么时候对水桶没做功。根据做功的条件分析，小明提起水桶的过程做了功，但是提着水桶水平移动的过程没有做功。这个例题不但引导学生会用功的计算公式，而且引导学生要在利用公式计算之前先分析物理过程，明确哪些过程有做功，哪些过程没有做功。

学生模仿：用10N的水平推力推动水平面上的木箱匀速前进2m，木箱重力为200N，求推力和重力各做了多少功？

学生模仿例题的解题思路进行解答，先分析推力和重力是否做功，如果做了功，要找出力的大小及在力的方向上通过的距离，运用功的公式进行计算。学生将例题的思路迁移到新的情境题目中，培养学生运用功的知识解决问题的能力。

例2：用手将一个重为2.7N，体积为300cm³的铝球浸没在用玻璃容器装的水中，松手后，当铝球静止时，受到的浮力多大？（$g = 10N/kg$）

学生先进行独立思考，明确初步思路，并运用物体浮沉条件知识、阿基米德原理知识进行解答。

教师讲解解题思路，先运用阿基米德原理计算出铝球浸没在水中时受到的浮力，再运用物体的浮沉条件判断物体的浮沉情况，明确最终铝球的状态，求出铝球受到的浮力。

学生模仿：用手将一个重为3N，体积为250cm³的铝球浸没在用玻璃容器装的水中，松手后，当铝球静止时，受到的浮力多大？（$g = 10N/kg$）

学生模仿例题的解题思路进行解答，先运用阿基米德原理求出铝球浸没在水中时受到的浮力，再运用浮沉条件判断铝球下沉，最后铝球沉在水底，受到的浮力不变。

例3：一段导体两端施加3V电压时，通过导体的电流为0.3A，如果在这段导体两端施加1.5V的电压，则导体的电阻为多大？通过导体的电流为多大？

学生阅读题目，思考解题思路，运用电阻、欧姆定律的知识进行解答。

教师讲解解题思路并演示解题过程。电阻是导体本身的一种性质，当导体两端的电压改变时，导体电阻的大小不变。本题先求出导体的电阻，然后再运用欧姆定律计算出电流。

学生模仿：一段导体两端施加3V电压时，通过导体的电流为0.15A，向这段导体两端施加1.5V的电压时，通过导体的电流为多大？如果导体两端的电压为0V，则导体的电阻为多大？

学生模仿例题中的解题思路，认清电阻是导体本身的一种性质，关注题目中不变的物理量，运用欧姆定律计算出导体的电阻。当导体两端电压为1.5V时，运用欧姆定律求出通过导体的电流；当导体两端电压为0V时，电阻大小不变。

## 八、输出、应用

从学到用是从输入到输出的过程，输入的目的是输出。输出是指学生理解了所学知识后，能从大脑中提取知识解决遇到的问题。学生经历了模仿例子进行解题的过程后，能够在新情境中，抽象出物理模型，运用物理知识创造性地解决问题。这时学生不再仅限于模仿，而具有一题多解的能力。

（1）学生运用所学的知识解题。学生用所学的知识解题是最直接的输出。要培养学生的思维，就要让学生解答不同情境的问题，教师要挑选一些典型的、综合性的题目给学生练习。

为什么要练习？有观点认为，教师在课堂上教会学生如何审题，如何找到解题的条件，如何选择解题方法就够了，不必布置学生去练习。但是，从学生听懂教师讲解练习到学生会解答练习需要一个过程，这需要学生进行必要的练习，在练习中思考，在练习中总结，在练习中提高思维能力，领悟解题思路。

教师要反对学生盲目地练习，要鼓励学生在做练习的时候，总结解题的模型，针对不同的题目，具体问题具体分析。一些物理规律可能在这种条件下适用，但是换个条件就不适用了，学生往往感到困惑。比如，欧姆定律在电动机电路是不适用的，如果学生在电动机电路中套用欧姆定律解题，就会得到错误答案。学生通过一定量的练习，就会总结出解题的经验，在遇到问题时，会选择合适的物理知识去解决。通过练习，学生会更清楚物理规律的适用条件，从而更好地应用物理规律解决问题。不做或少做练习的学生，面对一些新情境的问题，往往会觉得无从下手。

如何布置练习？布置给学生的练习要符合学生实际，由易到难，层层递进。给学生提供怎样的题目，是值得教师思考的事情。对于同一道题，可以变换条件或改变求解问题，让学生更深刻地理解知识间的联系，灵活运用各种知识解决问题。如果教师给学生布置的题目过于简单，学生一看就会，无法培养学生思维能力；如果教师给学生布置的题目超出学生的能力范围，也无法培养学生的思维能力。因此，教师布置的题目最好是学生思考或讨论后能解答的题目，能促进学生的思维进阶，也能使学生有学习成就感。

课堂练习的布置。课堂中布置要学生在规定时间内完成的练习是必需的。课堂练习的设计非常关键。课堂练习的设计要考虑练习的目标、学生的学情、练习的难度、练习的评价等问题。

练习的目的性要十分明确，要明确通过练习让学生明白什么，关注什么，形成什么能力。在现实教学中由于工作繁忙，有些教师布置练习有点随意，没有先确定目标再挑选题目。

对于不同班级的学生，应分层设计练习，满足不同学生的个性化需求。面向基础薄弱的、基础中等的、基础较好的学生分别给予不同的题目类型，这需要教师在上课前准备好三种不同层次的题目及答案。分层练习体现了因材施教及面向全体的思想，让全班学生做同一道题显然是不合适的。

练习的题量要少，要考虑给学生充足的练习时间。教师总是很关心学生，希望给学生大量的练习，担心学生练习不够，于是在有限的课堂时间给学生布置了较多的练习，导致学生无法在课堂上完成。这会让学生难以获得成就感，也会让学生没有充足的时间思考，还会影响后续对学生的评价。

练习要有评价。有效的评价能促进学生有效地练习。教师应及时关注学生在课堂中的练习情况，及时批改学生完成的练习。对于在课堂没法批改的学生练习，教师要在课后进行批改。这让学生在做练习后，能知道自己错在哪里，能得到教师的点评或肯定，在练习中获得成就感。

课后练习是课堂练习的延伸。学生仅仅有课堂练习是不够的，需要在课后进行练习巩固。课后练习的布置要遵循少而精的原则，有明确的目的性，要有检查和评价，使学生在完成课后练习后有获得感。

（2）运用所学物理知识解决生产生活中的问题。培养学生在生活中应用物理知识的意识及将物理知识与生活联系起来的习惯。如夏天在汽车内开冷气，车的挡风玻璃上会形成一层水雾，如何处理才能使水雾消失？学生认识到水雾产生的原因是挡风玻璃外的水蒸气遇冷液化成小水珠，小水珠附在挡风玻璃外侧。要去掉这些小水珠，可以将车内的空调温度调高一点，减少车内外的温度差，使挡风玻璃外的水蒸气不能液化。生活中，利用铅垂线，可以把壁画挂得更竖直一些。冬天，家门口有积雪，可以向积雪加盐加速积雪的熔化。这些都是输出物理知识解决生活中的问题的典型例子。

（3）运用所学物理知识解释生活现象。生活中存在很多与物理有关的现象，但是一些学生不知道产生这些现象的原因。如果学生理解了所学的物理知识，并能用这些知识去解释生活中的物理现象，说明学生做到了学以致用。学生将生活现象与物理联系起来，用物理解释生活，是思维能力提升的表现。首先，引导学生观察生活，把生活现象转化为物理问题。其次，引导学生找到解释物理问题的原理、依据。最后，引导学生陈述原理与结论，作出逻辑性表达。

比如，为什么人们喝开水前，往往要向开水表面吹气？教师让学生作出解释，就是对有关热学知识的输出。引导学生思考：吹气使开水降温，其实就是物理降温的问题。开水降温的物理原理是蒸发吸热，蒸发越快，降温越快。向开水表面吹气，可以加快开水的蒸发，而蒸发吸热，使开水较快降温。最后让学生通过文字或语言将思考表达出来，使思维可视化。

又比如，为什么茶壶盖上会留有小孔？学生先思考如果用手按住小孔，水能否流出来，将水壶中的水能否流出来的问题与物理知识联系起来。于是茶壶盖留有小孔的问题转化为物理的大气压问题。学生从大脑中调用大气压原理进行解释。

（4）运用所学物理知识进行小制作、小发明。运用物理知识进行小制作、小发明是分层级的输出。学生想制作一个作品，首先要明确作品要实现的功能，明确作品的工作原理，然后设计作品结构及外观，最后选用器材进行制作。可见，学生进行物理制作是一项综合性的任务，要求能应用物理原理，而且要动手动脑把作品做出来。这能培养学生综合运用知识的能力、动手能力及思维能力，如学生制作简易温度计、测力计等。

# 第三节　思维型课堂主题探究活动的设计

科学思维是物理核心素养的核心。物理思维贯穿于建立物理观念、进行科学探究等过程。科学探究经历提出问题、寻找证据、作出解释、进行交流等过程，是培养学生科学思维的有效途径。初中物理思维型课堂是以主题式探究活动为主线，以学生思维参与为根本，以培养物理思维为核心，以落实物理核心素养为目标的课堂形态。学生在经历建构知识的过程中，提高思维能力，为今后的学习奠定良好的物理思维基础。在初中物理思维型课堂中，如何设计主题探究活动，值得深度思考和实践。

## 一、整合教学单元，凝练探究主题

教师要认真读懂课标，理解课标要求，从整个教学单元的视角，把握整个单元的知识脉络与教学核心，深入分析教材的编写意图及教学目标，深入挖掘教材编写的底层逻辑线索，凝练出整个单元的探究主题。《义务教育物理课程标准（2022年版）》是教师实施教学活动的依据。课标明确说明教什么、如何教、教到什么程度、如何评价等内容。对于一个单元的教学来说，涉及的内容都是基于一个大主题的。教师只有读懂课标，才能领会教学基于一个怎样的主题开展，通过主题探究活动要实现怎样的目标。课标为教师凝练探究主题提供了依据。

一个教学单元，往往基于一个大物理观念而构建。一个单元的教学内容，是阶梯式递进、层层深入的，是从感性认识到理性认识的过程，教材的编写体现了课标要求，考虑了学生的学习兴趣及认知特点。教材是落实课标的案例和载体，为了实现课标要求，其编写考虑了学生的学情，基于学生的认知特点去安排素材或活动。以人教版物理八年级下册的"浮力"单元为例，教材基于课标要求，其编写的逻辑关系为：感受浮力—测量浮力—定性探究浮力—定量探究浮力—应用浮力（浮沉条件及其应用）。感受浮力、认识浮力是定性探究浮力的基础；定性探究浮力是定量探究浮力的基础；定量探究浮力是应用浮力的基础。可见，"探究浮力"是整个单元的教学主题，而阿基米德原理是本单元的核心探究内容，如图4-5所示。

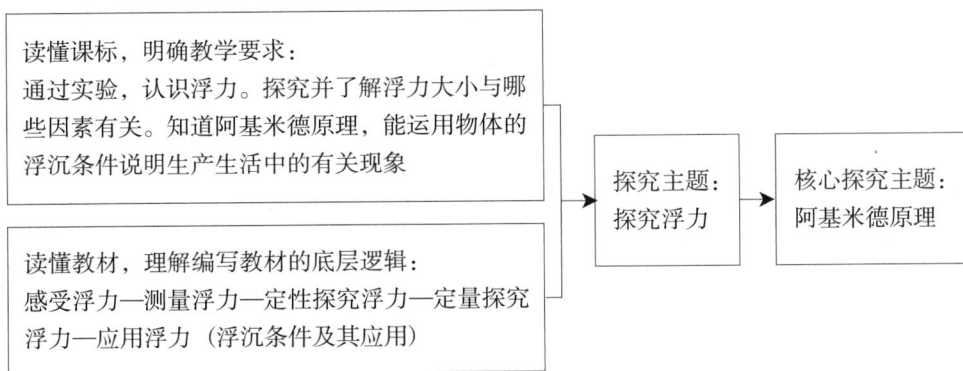

图 4 - 5

## 二、围绕探究主题，厘清思维路线

　　学生对物理知识的学习是由表象到本质逐步深入的。所谓教学思维路线，就是知识内容内在的逻辑联系，符合学生认知的特点，引导学生循序渐进学习的思维路线。教师要厘清教学思路，引导学生思维进阶。一节课的教学内容很多，有一些知识并不是本节课重点内容，教师要把重点知识用一条思维线索串联起来。这样，对学生的思维引导就有了清晰的条理性。教学内容不再是零散的，是有一定的因果联系的，是逐步递进的。教师引导学生进行思考，学生经历了知识生成的思考过程。教学思维路线一般包括感性认识，在感性认识的基础上进一步深入认识，再到理解知识、形成知识结构、应用知识的过程。

　　任何一个主题的学习都不是一步到位的，一定有一个逐步深入的过程。这包含了两个过程：学习活动的进阶及思维活动的进阶。活动进阶是通过推进一个个学习活动来达到课标要求的。在初中物理主题探究活动中，要紧紧围绕探究主题，厘清整个主题的思维路径及其递进过程。以"浮力"单元教学为例，其学习活动进阶如图 4 - 6 所示。

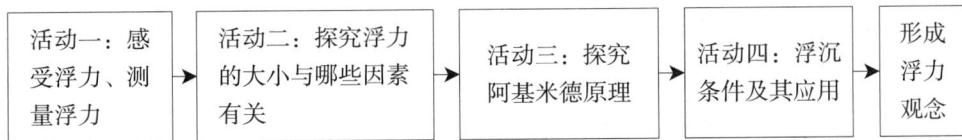

图 4 - 6

任何学习活动都是以思维活动为基础的，而思维活动又是以建构和理解概念为基础的。在"浮力"单元教学中，思维路线如图4－7所示。

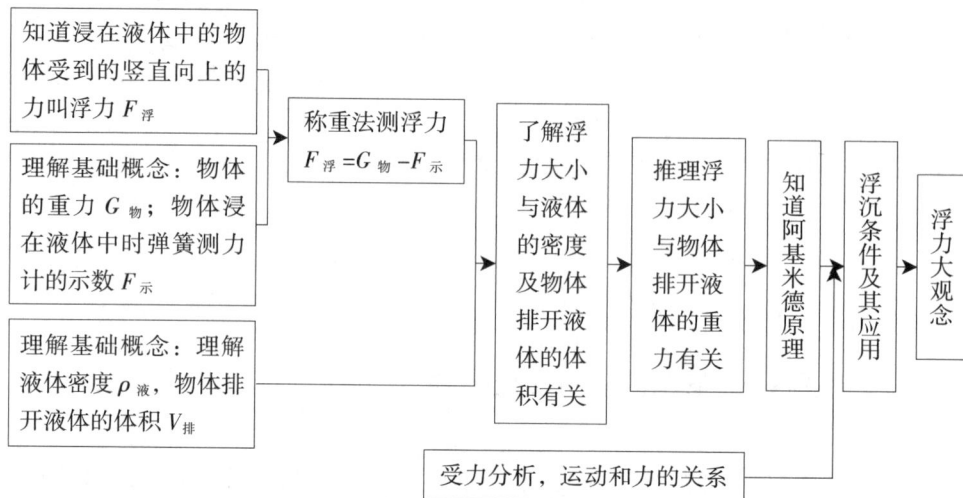

图4－7

从思维路线图可以看出，学生的发展是在建构概念中进行的。学生在理解基础概念的前提下去寻找概念间的某些联系，得到一些物理规律，因此理解基础概念是思维发展的关键。学生在一个个基础概念的建构中认识物理世界，将基础概念联系起来，去建构更大的概念，建立更多的联系，慢慢形成更大的知识网络体系。在物理思维型课堂主题探究活动的设计中，厘清整个大单元思维路线的逻辑路径，绘出思维路线图，是教师设计主题探究活动的重要前提。以浮力教学为例，如果学生不理解"重力"及"物体浸在液体中时弹簧测力计的示数"等概念，就不会用称重法测浮力。如果学生不理解"液体的密度"及"物体排开液体的体积"等概念，就无法探究浮力的大小与哪些因素有关。学生不了解浮力的大小与"液体的密度"及"物体排开液体的体积"有关，就不会推理浮力的大小与物体排开液体的重力有关，就无法进阶到对阿基米德原理的学习。厘清思维路线，可以使教师更加关注思维的递进关系，更加重视基础概念的教学。教师在设计主题探究活动中应关注学生对基础概念的理解程度，对一些学生还不理解的基础概念，应该给予及时的补充。

### 三、基于思维路线，明确思维进阶

教师把整个单元的思维线索弄清楚，厘清单元知识间的底层逻辑，明确知识间的进阶关系，把这些梯度有序地罗列出来，结合学生实际，设计探究阶梯。学生在教师的引导下，拾级而上。从"感受浮力及了解浮力产生的原因"到"称重法测浮力"是一个梯度；从"称重法测浮力"到"了解浮力的大小与哪些因素有关"是一个梯度；从"了解浮力的大小与液体密度及物体浸入液体的体积有关"到"知道阿基米德原理"是一个梯度；从"知道阿基米德原理"到"能运用物体的浮沉条件说明生产生活中的有关现象"是一个梯度。要使学生跨越这些梯度，教师应根据学生学情、课标要求及教材特点，提供给学生相应的学习支架，设计相应的主题探究活动，使学生在活动中实现思维的层级递增，其思维进阶如图4－8所示。

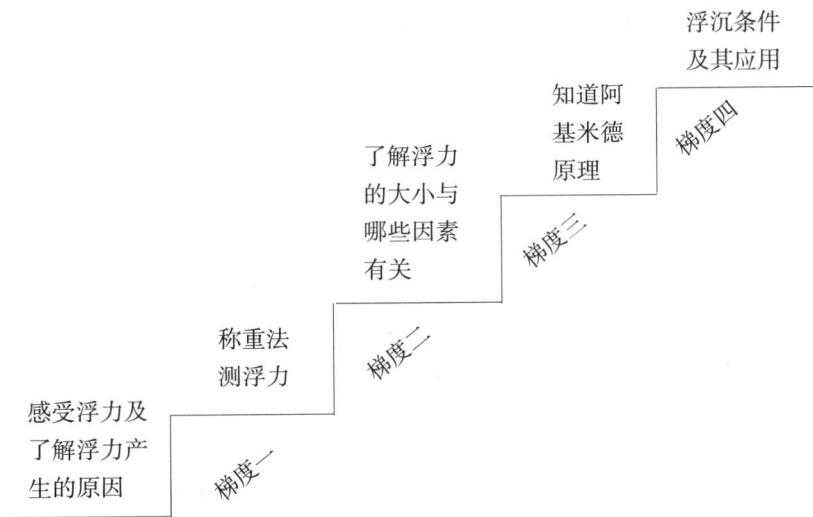

图4－8

在思维型课堂中，科学地划分学习梯度，是设计主题探究活动的关键一环。教师设计主题探究活动，目的是促进学生的思维进阶，找出单元主题的思维障碍点，分析学生产生思维障碍点的原因，其原因有可能是学生对已学概念理解不到位，之前的知识储备不足；也有可能是知识本身跨度较大，学生自主思考难以建构新知识；还有可能是学生本身的思维水平还未达到理解新知识的要求。教师应做好学情分析，在把握学情的基础上，有针对性地在知识层级间设计探究活动，提供必要的学习支持，让学生自主经历探究过程，突破思维障碍点，实现自主建构新的知识。

## 四、基于思维进阶，设计活动方案

学生的思维是从提出问题、解决问题向提出新问题、解决新问题进阶的。基于思维进阶的活动设计，教师应让学生提出有价值的问题，让学生设计方案去解决问题，得到问题的答案；在得到问题答案后，又让学生提出新问题，再去解决新问题。因此活动的设计必须指向问题的提出和解决，使学生在原来的层级上跳一跳，使思维再上一个新的台阶。要使学生更好地跨上台阶，教师需要考虑学生的现实基础和学习能力，基于问题、基于证据、基于解释、基于交流来设计相关活动，让学生经历科学推理、论证、质疑等思维过程，引导学生思维发展，实现思维进阶。学生思维层级的进阶，是经历从提出问题到解决问题过程的结果。主题探究活动可以采用"四基"追问法来设计，如图4-9所示。

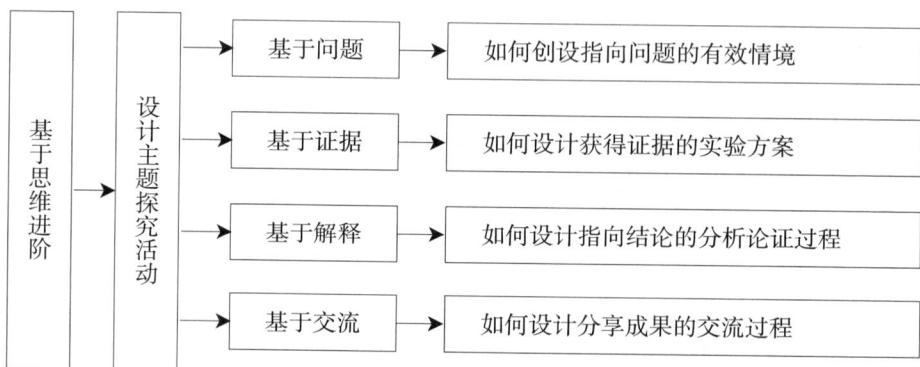

图4-9

以"探究浮力"主题探究活动为例，上述进阶图（见图4-8）所示的梯度一、梯度二、梯度三、梯度四都要设计探究活动，以活动促使学生拾级而上，实现思维发展。梯度三的主题探究活动，是在了解浮力与哪些因素有关的基础上去探究阿基米德原理。下面仅以梯度三的主题探究活动（探究浮力的大小与物体排开液体重力的关系）为例，详细阐述这个梯度的活动设计过程。

1．基于问题：创设指向问题的有效情境

教师创设情境：让学生复习浸在液体中的物体受到的浮力与液体的密度及物体排开液体的体积有关；复习质量与密度及体积的关系。通过这两项内容的复习，教师引导学生提出物体受到的浮力与物体排开液体的质量有关的推想。结合重力与质量的关系，学生可进一步推想浮力与物体排开液体的重力有关，如图 4 - 10 所示。

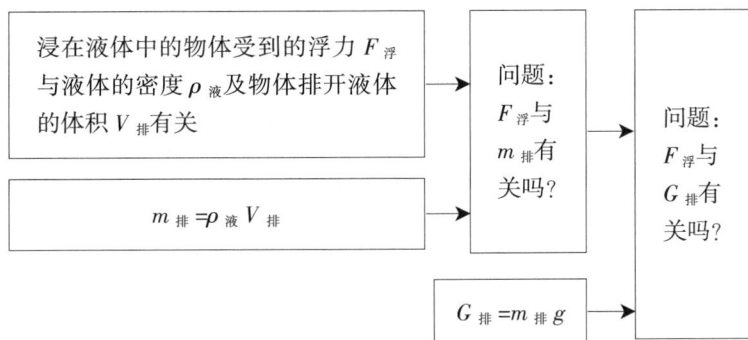

图 4 - 10

2．基于证据：设计获得证据的实验方案

引导学生设计实验方案：

（1）明确实验目的：获取浮力等于物体排开液体重力的证据。

（2）明确要测量的物理量：物体受到的浮力 $F_浮$；物体排开液体的重力 $G_排$。

（3）思考问题：如何测量浮力？如何收集物体排开的液体并测出这些液体的重力？

（4）讨论实验方法，厘清实验方案有关内容，如表 4 - 1 所示。

表 4 - 1　实验方案有关内容

| 问题 | 方法 | 要测的物理量 | 器材选择 |
| --- | --- | --- | --- |
| 如何测量浮力 $F_浮$？ | 称重法 | 物体的重力 $G$、弹簧测力计在物体浸入液体中的示数 $F$ | 物体、溢水杯、水、弹簧测力计 |

（续上表）

| 问题 | 方法 | 要测的物理量 | 器材选择 |
|---|---|---|---|
| 如何收集物体排开的液体并测出这些液体的重力 $G_{排}$？ | 用溢水杯装满水，将物体浸没水中，用小桶收集溢出的水 | 空小桶的重力 $G_{桶}$、小桶及收集到的排开液体的总重力 $G_{桶和水}$ | 小桶、弹簧测力计 |

（5）讨论实验方案，设计好科学的操作步骤，进行实验。

3．基于解释：设计指向结论的分析论证过程

引导学生进行科学推理：原始数据—评估证据准确性—数据处理—分析论证—得出结论。即引导学生测出浮力 $F_{浮} = G - F$，计算出 $G_{排} = G_{桶和水} - G_{桶}$，将 $F_{浮}$ 与 $G_{排}$ 进行对比，得出实验结论。

4．基于交流：设计分享成果的交流过程

引导学生组内交流：组员间讨论 $F_{浮}$ 与 $m_{排}$ 是否有关，$F_{浮}$ 与 $G_{排}$ 是否有关；讨论如何在这些问题的基础上作出合理的假设；讨论实验方案与操作步骤。

引导学生组间交流：对于小组提出的问题、作出的假设、设计的实验方案，与其他小组进行交流。

引导学生展示交流：面向全班同学，展示小组的实验方案、实验过程、实验数据、实验结论、实验评估及反思等，比如在实验中哪些环节容易导致较大误差，实验中操作步骤不同对实验误差有哪些影响，等等。

## 五、优化活动方案，提高实践效果

设计活动方案是为了用于实践。方案是否科学合理及是否有效，要通过实践检验。教师按设计的方案进行教学活动时，每上一个班级，就要评价活动方案的内容、流程、可操作性、活动效果等是否科学合理。教师在反思总结后，优化活动方案，再到另一个班级实施。初中物理主题探究活动的设计方案是要动态调整的，在实践、反思中不断优化调整。以下列举几点：

（1）如果学生难以提出要探究的问题，要优化情境创设。创设情境的目的，就是使学生在情境中发现问题和提出问题。在教学实践中，如果学生难以在教师设计的情境活动中提出问题，说明教师创设的情境没有明确的问题指向。优化的方法就是基于要提出的问题来创设情境。

（2）如果学生思路不清，就要优化思维主线。在活动过程中，针对要研究的问题，学生难以厘清具体的活动思路，感觉活动过程有些紊乱，说明教师设计的思维路线不符合学生的认知逻辑，需要优化活动的思维路线，使思维路线更贴近学生的认知水平和思维习惯。

（3）如果活动难以推进，就要优化阶梯设置。如果学生从一个思维阶梯难以递进到高一级阶梯，探究活动停留时间过长而没有进展，说明教师阶梯设置太密，教师要根据学生的活动情况优化阶梯设置，将阶梯设疏一些。反之，如果探究活动推进过快，学生一下子完成探究活动，说明阶梯设计太疏，教师要将阶梯设密一些。

构建初中物理思维型课堂，教师要通过科学的主题探究活动，培养学生的科学思维及实践能力。没有高质量的活动方案，就不会有高质量的活动效果。因此，在思维型课堂实践中，基于课标、教材、学情设计出科学有效的活动方案尤为关键。初中物理思维型课堂主题探究活动的设计方法，就是要整合教学单元，凝练探究主题；围绕探究主题，厘清思维路线；基于思维路线，明确思维进阶；基于思维进阶，设计活动方案；优化活动方案，提高实践效果。

# 第五章　初中学生学习物理困难的原因及对策

## 第一节　学生的学习情况调查

在初中物理思维型课堂的师生关系中，教师是服务于学生的。教师只有了解学生学习情况、学习困难的原因，才能为学生提供有针对性的教学。为了解初中学生学习物理存在哪些困难，笔者于 2022 年 3 月对广东省清远市北部地区八、九年级学生进行了问卷调查。本次调查利用问卷星平台制作问卷并发布，学生在线填写问卷，然后提交。问卷内容详见本书附录。

### 一、调查数据分析

对附录的问卷调查内容及数据进行分析，我们可以得出以下推论：

（1）在学习兴趣方面，有 36.38% 的学生对物理学习很感兴趣，这部分学生对物理的兴趣较为持久；对物理有点兴趣的占 57.22%，这部分学生对物理的兴趣具有较大的可变性，其兴趣可能会随着物理学习难度的加大而发生变化。

（2）在学习难度方面，有 17.55% 的学生觉得物理很难，这部分学生对物理难度的看法较难改变，他们可能对物理学习还没有入门；觉得物理有点难的学生占 61.24%，这部分学生对物理学习感到有点吃力，如果得不到教师及时的帮助，会对物理失去信心。从对物理难度认知的情况看，学生普遍觉得物理难学。

（3）在学习方法方面，有相当一部分学生学习物理的方法是记概念和背规律，没有真正去理解概念及规律的真正含义。约 38% 的学生凭以往经验或自己的感觉做题。

（4）在思维提升方面，有 65.27% 的学生认为听教师详细讲解对提高自己的思维能力最有效；有 16.64% 的学生认为自己思考对提升自己的思维能力最有效；有 17.73% 的学生认为与同学讨论对提高自己的思维能力最有效。这些数据与教师的认知有较大的区别。教师认为，学生自己思考或与同学讨论是最能提高学生思维能力的。但是调查发现，学生认为听教师详细讲解才是最有效的。这种反差可能与学生平常习惯于接受式教学有关。

（5）在迁移应用方面，有 87.02% 学生认为，他们上课听懂了，但是不会做题。

（6）在学习困难方面，调查了弄清物理概念含义、记住物理公式、物理量单位换算、运用物理公式计算、探究物理规律、理解物理规律、分析物理过程、运用物理规律等方面。学生觉得最困难的是运用物理公式计算（比例高达 55.94%），其次是分析物理过程（比例高达 54.48%），再次是物理量单位换算（比例高达 53.93%），接着是运用物理规律（比例高达 48.63%）。67.82% 的学生认为解题时感到最困难的是不清楚公式的适用条件，难以选择公式解题。57.95% 的学生认为自己学习困难是因为没有掌握物理学习方法。

## 二、调查的局限性

本次调查样本数较少，只有 547 人参与，调查的学生集中在广东省清远市北部地区，具有明显的地域倾向。虽然如此，初中学生都具有一些不分地区的共性特征，调查依然具有一定的参考价值。

# 第二节　初中学生学习物理困难的原因

调查结果显示，大部分学生对学习物理很有兴趣或有点兴趣，占比 93.60%，大部分学生对学习物理感到困难，占比 78.79%，学生的兴趣容易被困难磨灭。学生觉得运用物理公式计算最为困难，部分学生认为自己没有掌握物理学习方法。学生学习物理困难的原因主要有以下几个方面：

## 一、学习内容对学生的思维要求提高了

随着学习的深入，物理内容增加，学习深度加大，物理学习对学生的抽象

思维能力要求提高。对初中学生而言，一些物理知识的学习需要学生具备一定的形式运算（逻辑思维）能力，但是部分学生的思维还处在具体运算阶段向形式运算阶段过渡时期，这造成了学生思维发展与教学内容对思维的要求不一致的情况，学生难以理解有关物理知识。当学生感到困难时，兴趣就会下降。

## 二、教师的教学行为未能促进学生理解及激发学生兴趣

### 1. 学生学习物理困难跟教师的教学方式有关

教师对物理的教学方式主要以讲解为主，教学方式单一，把物理课堂上成"做题课堂"或"讲题课堂"，学生慢慢感到枯燥无味。如果教师没有站在学生角度去讲解，不了解学生学习存在的困难及原因，学生就会听不懂教师讲的课。物理概念是构成物理知识体系的元素，如果教师在进行概念教学时，不能把概念的本质讲清楚，没有真正引导学生建立起物理概念，那学生就不知道所学的概念的本质是什么，为什么要学。当学生学了概念后，对概念界定不清，理解不了概念，那其实就是教师把学生不懂的东西教给学生，学生将难以建立物理知识体系。

### 2. 学生学习物理困难跟教师的评价有关

对学生合理及时的评价，可提高学生的学习动机。在实践中，教师的课大多是一讲到底，较少给学生展示的机会，学生得不到过程性的评价。在学业评价中，命题时没有考虑学生的学习情况，出的题过难，学生学习成绩低，难以产生物理学习中的成就感与获得感。学生付出了努力去学习物理，但最终得不到肯定的评价，失去学习信心和动力。

## 三、跟学生的学习基础、学习方法、学习习惯、学习兴趣有关

### 1. 没有掌握物理学习的方法

物理学习需要以实验为基础，需要理性思考及积极实践。在实际学习中，一些学生将死记硬背或机械刷题的方法用在物理学习上，结果是做了很多题却不理解物理的学科本质。因此，学习好物理首先要知道物理是学什么内容的，再者要知道物理是怎么学的，理解物理的学科特点和本质。

### 2. 缺乏生活经验

生活、生产经验比较缺乏导致学生学习物理的时候往往缺少有效的前概

念。物理学习是由现象到本质的学习，没有对现象的认真观察，就没有对本质的有效深入。比如讲到减小压强的方法，铁轨要铺在枕木上，但是学生没有见过铁轨，较难理解这种减小压强的方法。又比如讲到浮力时，教师举例，人感受在水中搬石头比离开水面搬石头要轻，这是石头在水中受到浮力的原因。但是一些学生不懂这个道理，因为他们没有在水中搬过石头。再比如讲解杠杆活塞式抽水机及其省力原理时，一些学生由于没有见过活塞式抽水机，不了解其结构，自然也无法理解它的省力原理。物理学习需要丰富的生活经验，从生活经验中悟出其中的道理，总结归纳出物理规律，实现从生活走向物理。

3. 缺乏对生活现象的观察和思考

学生身边有许多的物理现象，但是学生的注意力并没有在这些现象上，导致失去了学习物理的最佳机会。对于许多学生来说，在夏天吃雪糕的时候，他们注意的是雪糕的味道，但对雪糕周围产生的"白气"视而不见。当教师在课堂讲雪糕周围"白气"形成的时候，一些学生会惊讶地问："雪糕周围会有'白气'？"对于水的沸腾现象，学生在生活中是自己烧过或见过家人烧过水的，但对沸腾中产生的气泡缺乏观察。当教师在课堂讲水沸腾前气泡从水底上升过程由大变小，沸腾时气泡从水底上升过程由小变大，到水面裂开，许多学生觉得不理解。然而，这些都是学生在生活中通过观察就可以发现的现象。学生在生活中不善于观察和思考，当教师在课堂中提及并解释这些物理现象的时候，一些学生觉得非常陌生。其实这些现象就在他们身边存在着，只是他们没有注意到而已。

4. 缺乏质疑精神

初中学生在物理学习中较少主动提出问题，也较少提出疑问。缺乏质疑精神，是山区初中学生普遍存在的问题。他们都习惯于遵循教材的结论，较少提出自己的见解。平时在学习中，他们习惯于教师讲，自己听，不发表见解。由于缺乏质疑，他们的创新意识不强。

5. 缺少理性思考，喜欢死记硬背

物理学习离不开观察与实验，也离不开思考。只有思考，才能提出问题、分析问题、探究问题、解决问题。只有思考，才能让学生从一般物理现象进入物理本质，总结出学习物理的思维方法。然而许多学生在学习物理时，习惯于通过死记硬背的方式去解决问题。他们对概念的学习，没有思考概念的来源及意义，不去厘清概念的本质及界定。他们总是希望记下概念，习惯于通过"背"概念来解决问题。尽管他们从小学到初中都是运用背和记的学习方式，并取得不错的学习成绩，但是对于物理学习来说，这已经行不通了。物理对学生提出更高的思维要求，死记硬背已无法满足物理的学习需求。死记硬背造成的影响就是学生的思维能力和灵活性欠缺。学生虽然记住了规律和公式，但在不同的问题情境中应用的方法是不同的，应用的条件是不同的，这就是学生觉得物理难学的原因。比如一个学生知道机械效率是用有用功除以总功得出的，但是在不同题目中，有用功与总功的计算方法是不同的。

# 第三节　初中学生学习物理困难的应对措施

## 一、提高学生学习物理的兴趣

中国古代伟大的教育家孔子说："知之者不如好之者，好之者不如乐之者。"要构建初中物理思维型课堂，关键还得培养学生的学习兴趣。学生初学物理时，对物理充满好奇，也充满兴趣，随着学习的深入，对物理的新鲜感会慢慢消退，兴趣也会有所减弱。如何提高学生的学习兴趣呢？

1. 教师对物理教育充满激情

教师对待物理教育的态度是会影响学生的，学生能感受到教师对物理教育的热爱程度。如果教师对待教学是敷衍应付的，教师的消极态度会传染给学生，导致学生对物理学习也产生消极态度。如果教师对物理教学有激情、很投入，这些积极情感会感染学生，使学生对物理学习也会有一种积极的态度。虽然初中学生好奇心强，精力充足，但是并不意味着他们对物理学习会充满兴趣。学生学习物理的热情是教师调动起来的。因此，要提高学生学习兴趣，教师首先要提高师德修养，修炼对物理热爱的情感。

2. 学生对物理学习的兴趣源于对物理学习的自信心及学习成就

学生的自信心一定程度源于学生掌握物理学习方法、了解物理学习的内容，并具备一定的学习能力和理解能力。学生的学习成就感源于学生能顺利解决物理问题，学生的学习成果得到教师、同学的积极评价。

3. 采用多样化的教学方式

教学方式多样化可以更多角度地去呈现知识，给学生更多不同的学习体验。

小组合作学习是物理教学常用的教学方式。小组合作学习可以用在实验探究课及习题教学课、试卷讲评课中。学生通过小组合作进行探究实验、研究物理问题、交流讨论，在与同学交流中体验学习乐趣，其优点是学会的同学可以帮助不会的同学。帮助别人的同学需要重构知识并组织语言表达，被帮助的同学也会认真倾听，实现共同进步。

教师通过问题导学，给学生明确的问题导引。学生通过自主思考，求助同学或教师，逐项解决问题，完成学习任务。教师需精心准备学习问题清单，给予明确的指引，评估学生完成情况，给予必要的指导。教师可以通过问题引导学生的思维过程，使学生的思考沿着问题逐步深入，在解决问题的过程中，理解知识的生成过程，发现问题的本质。

比如"探究平面镜成像特点"可以设置以下问题引导学生学习：

问题1：将点燃的蜡烛放在平面镜前，学生观察蜡烛的像，提出问题：如何比较像与物的大小，确定像的位置？可否将点燃的蜡烛拿到平面镜后去与像比较？

学生讨论问题，并尝试实验操作，发现不能将点燃的蜡烛拿到平面镜后去与像比较，因为把点燃的蜡烛拿到平面镜后，就看不到像了。

问题2：要将点燃的蜡烛与像比较，蜡烛不能拿走，那如何实现点燃的蜡烛与它的像进行比较？

学生讨论问题，得到解决方法：将另一支完全相同的蜡烛放到像的位置与像进行重合比较。

问题3：请进行实验，看能否实现物体与像的比较？

学生进行操作，发现对着平面镜看不到平面镜后没有点燃的蜡烛，无法看到没有点燃的蜡烛是否在像的位置上。

问题4：实验时看不到平面镜后的蜡烛，能否找到一种器材代替平面镜，实现我们的实验方法？

学生讨论后得出，可以用玻璃板代替平面镜。

问题5：如何操作可以比较像与物的大小，确定像的位置，比较像距与物距？如何操作可以使得到的结论更加具有普遍性和说服力？

学生讨论实验方案，明确实验步骤。

通过问题导学，学生找到了正确的实验方法，并理解了等效替代法的真正含义。学生沿着问题一步一步去理解有关平面镜成像的实验原理，理解实验使用玻璃板而不使用平面镜、用两支完全相同的蜡烛的原因。教师引导学生深入思考实验的关键问题，可以使学生更好地理解"探究平面镜成像特点"的实验原理及得到的实验结论。

**4. 利用趣味实验提高学生学习物理的兴趣**

趣味实验是一些能激发学生兴趣，包含物理原理的小实验。趣味实验在教学中往往能使学生感到新奇、有趣，让学生眼前一亮、出乎意料、感到好玩，产生认知冲突。

趣味实验服务于教学目标，用于创设情境、启发学生思考、说明物理原理，能调动学生的学习积极性，激发学生的好奇心和学习兴趣，有效解放学生的手、脑、口，促进学生的全面发展。比如，教师讲授"大气压强"时，让学生玩真空吸盘小实验，让学生在小实验中感受大气压强的存在。教师讲授浮沉条件时，让学生玩浮沉子小实验，使学生说出如何操作可实现浮沉子上浮或下沉，说明其中的物理原理。教师讲授静电知识时，让学生用保鲜袋摩擦 PVC 塑料管，用塑料管吸引头发飘起，引导学生说出物理原理。教师讲授声音知识时，利用智能手机的声音传感器，并应用手机示波软件将声音波形显示出来，让学生区分不同的声音。

设计趣味实验要确保实验可安全操作，不会对学生产生危险。实验操作要简便易行，人人能做，操作时间少；实验现象直观明显，清晰可见；实验器材源于实验室或身边的物品。在课堂上多做趣味实验，学生可玩中学，玩中思，在玩物理的时候理解物理原理，有较好的学习体验及学习获得感，会提高其对物理的学习兴趣，提高学习效果。

**5. 通过物理制作、跨学科实践提高学生学习兴趣**

物理具有较强的实践性，学习物理不能只是做物理题，还要利用物理知识进行实践，做到学以致用。学物理是为了在生产生活中用物理，而用物理可以促进学生对物理的深入学习。学生通过做中学，用中学，体验学习的乐趣，获得学习成就感。

物理制作例子：学习声音知识后，教师可要求学生制作一个水瓶琴，在空瓶中装不同高度的水，敲出音乐。学习温度计知识后，教师可要求学生自制温度计。学习密度知识后，教师可要求学生制作密度计。学习弹簧测力计知识后，教师可要求学生利用橡皮筋制作测力计。学习光学知识后，教师可要求学生制作小孔成像仪、潜望镜、照相机、开普勒望远镜等模型。通过小制作，学生可尽量去理解这些仪器的工作原理。

　　跨学科实践例子：学习声音后，学生可利用回声测距原理知识、信息技术和数学知识制作一个身高测量仪。使用器材有掌控板（含拓展板）、超声波测距模块、杜邦线、硬纸板、USB 数据线等（见图 5 - 1）。超声波测距模块的原理是通过发射器发射超声波，通过接收器接收反射回来的超声波，利用回声测距原理可计算超声波模块到被测物体的距离 $L_1$，通过程序计算可得被测物体的高度 $h = L_2 - L_1$。

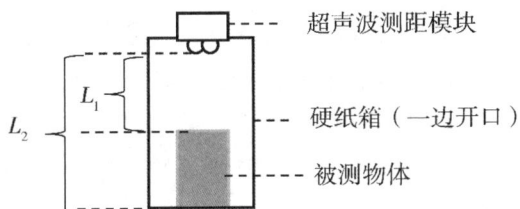

图 5 - 1

## 二、注重学习方法点拨

　　附录调查数据显示，有相当一部分学生学习物理的方法是记概念和背规律，没有真正去理解概念及规律的含义。有一部分学生不知道物理学什么，不知道物理如何学，找不到学习物理的方法。如果得不到物理教师正确的方法启蒙，学生就会将学习其他学科的方法用在物理学习上，但是这些方法不一定适合物理学习。笔者在教八年级物理时，一些八年级的物理初学者问笔者：有些科目每天要背书，物理要背哪部分内容？笔者听了很惊讶，学生把背书的方法用在物理学习上了。如果学生把书背下来，不知道书在讲什么，结果就是学生用了很多时间背书，记了很多书的文字，但是在应用的时候，还是凭经验做题。教师启蒙学生物理学习方法要做到：

　　1. 让学生知道物理学什么

　　"物理学是一门十分有趣的科学，它研究声、光、热、力、电等形形色色的物理现象。"（人教版物理八年级上册第 3 页）教师要启发学生，让学生明白物理是学习物理现象的原理，研究的是物的现象。既然是学习物的现象的原理，那就要有真实的物。可见，学生通过背书学物理，脱离了物，无物学物，学习方法就错了。无物学物是目前初中学生学习物理最大的问题之一。

2. 每节课注重启发学生学习物理的方法

学生学习物理就要先在大脑中建立与物有关的概念。这些概念源于物，因此物理学习首先要有物，如学习声音的知识，与声音有关的概念有音调、响度、音色等。学生学习前在大脑中没有这些概念，通过学习在大脑建立这些概念，而且大脑要接受它们、理解它们，知道什么是音调，音调与什么因素有关；知道什么是响度，响度与什么因素有关；知道什么是音色，音色与什么因素有关。可见，学习物理首先要建立概念，理解概念，明白概念表达的意思，明白概念的影响因素。理解跟背是不同的，理解是大脑内化了概念、接受了概念，而背是将概念强硬放入大脑，但大脑不知道它是什么，有什么用。学生理解了概念之后，教师要启发学生在大脑中建立概念之间的联系，如电功率的概念与电压、电流、电阻的概念建立了联系，就会理解有关的物理规律。最后，教师通过举例引导学生学习解题方法，指导学生在解题过程中要应用大脑中建立的物理概念及概念间的关系；指导学生遇到物理问题时，先在大脑找物理概念及相互间的联系，再有根据地推理。教师要通过训练，培养学生看到问题先在大脑找概念，然后根据概念间的关系得出答案的习惯。只有学生掌握了物理学习方法，才能真正踏入物理学习的大门。

## 三、教师详细讲解

附录调查数据显示，在清远北部地区有相当一部分学生认为教师详细讲解有助于自己的思维提升。教师的详细讲解能让学生明确思路，了解知识的演变过程及前因后果关系，从而实现对物理知识的理解。可见，讲解对学生来说是有必要的，当学生对某一知识内容难以内化时，教师的讲解起到提供支架的作用。尽管如此，但这并不是说教师讲解直接造成了学生思维的发展，只是帮助学生内化物理知识，或者为学生提供了解题的思路，最终对知识的理解及应用还要经过学生本人的思维加工才能实现。教师的讲解、举例、演示对学生理解物理知识很重要。

1. 教师该如何讲解

教师的讲解务必适合学生，不能站在教师的角度去讲解，要站在学生的角度去讲解。如果教师站在自身角度去讲解，就会自认为学生能听懂自己的讲解，但实际上未必如此。教师分析学情，哪些是学生已经掌握的知识，哪些是学生讲了也不会的知识，哪些是需要教师讲解学生才能会的知识。只有站在学生的角度去讲解，学生才能听懂和接受。教师要时刻记住，自己的讲解是给学生听的，学生是初学者，不一定能听懂专业的讲解，要考虑学生的接受程度。

教师讲解时务必抓住核心内容，务必清楚地把握教学内容、课标要求。在课标要求下，把握好教学重点和难点。教师讲解面面俱到，什么都讲，主次不分，学生就会感到混乱，抓不住重点，难以建构对核心知识的理解。如"机械功"的教学，核心内容就是做功，如何分析做功的两个必要因素？如何计算功？讲解时务必围绕着建立功的概念展开，进阶到分析做功的两个必要因素，判断是否对物体做功，再计算功的大小。

教师讲解务必条理清晰，环环相扣，围绕核心知识展开。这涉及讲解逻辑性的问题，即讲清知识间的因果关系，界定清楚核心概念，讲清概念的含义及概念的联系，不留有模糊空间。如果教师讲解思路不清，学生就会觉得教师越讲越乱。

2. 教师如何举例

举例讲解是教师在课堂中用得最多的讲解方式之一。教师通过例子来解释物理现象或说明物理知识，通过例子示范解题方法。举例务必具有代表性，要有助于学生对核心内容的理解。举例务必具有针对性，针对学生的认知错误。比如在一个电路图中，学生难以分清电压表测量的是哪部分电路两端的电压，可以通过举例讲解让学生学会观察电压表测量的是哪部分电路两端的电压。

例：如图 5-2 所示，闭合开关 S，电压表测量的是____的电压。

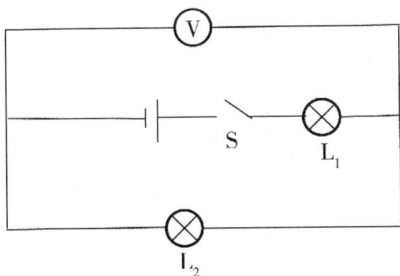

图 5-2

对于此题，有部分学生认为电压表测量的是 $L_1$ 两端的电压，也有部分学生认为电压表测量的是电源电压，这时教师通过详细的讲解，让学生认识到，电压表测的其实是 $L_2$ 两端的电压。

### 3. 教师如何演示

演示讲解是物理教师常用的讲解方式。演示的目的是让学生观察物理实验现象，通过现象得出物理原理。演示前，教师要提出研究的问题、实验的目的，告诉学生操作的步骤、观察的要点。学生通过教师的演示，知道实验是怎么做的、研究对象是什么、要观察什么、实验能说明什么道理。教师演示时，要注意演示的直观性，让学生能看清演示过程，能观察到实验现象；要注意实验的趣味性，让学生感到新奇。

## 四、强调理解和记忆

理解就是知道所学的物理知识含义，是怎么来的，有什么用，并会应用。记忆是把知识记住，不一定知道它们的含义，不一定会用。有教师认为，学习物理以理解为主，不强调学生对物理知识的记忆。但是学生理解新物理知识需要以一定的旧物理知识为基础，学生大脑记忆的知识是理解新知识的思维材料，所以在物理教学中强调理解，也要强调记忆。理解和记忆并不是对立的关系，理解有助于记忆，记忆有助于理解，这两者是相互促进的。一些学生上课理解了、听懂了，但是课后不去记忆，结果知识又遗忘了，知识没有在大脑里留存下来，影响往后学习物理。

## 五、变式训练，学以致用

变式训练是培养学生应用物理知识解决问题、培养学生思维的有效方法。教师举例之后，学生会模仿教师的思路去分析解决问题，但是变换习题条件或问题后，学生一步一步地模仿教师已经行不通了，需要自己去思考解题思路，找到解题方法。教师举例只是给学生一个特定的应用情境，要使学生在变换情境之后，能用所学物理知识解决问题，需要训练学生迁移应用能力。变式训练就是变换习题情境或习题问题，使学生灵活地运用物理知识解决新的问题。学生经历不同情境的解题训练，大脑中物理概念间的关系会更加清晰及紧密，在变化中找到不变的解题思想，形成应用物理知识解决问题的稳定的心理特征。

如人教版物理九年级全一册第 83 页教材原题如下：

例：如图 5 - 3 所示，电阻 $R_1$ 为 10Ω，电源两端电压为 6V。开关 S 闭合后，求：（1）滑动变阻器 $R$ 接入电路的电阻 $R_2$ 为 $50\Omega$ 时，通过电阻 $R_1$ 的电流 $I$；（2）当滑动变阻器接入电路的电阻 $R_3$ 为 $20\Omega$ 时，通过电阻 $R_1$ 的电流 $I'$。

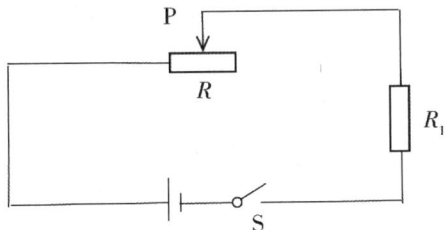

**图 5 - 3**

例题分析：本题电路是一个串联电路，一个定值电阻与一个滑动变阻器串联。给出的条件是定值电阻阻值、滑动变阻器接入电路中的阻值、电源电压。要求学生理解串联电路的总电阻等于各部分电路的电阻之和，理解串联电路的电流处处相等，会利用欧姆定律求电路中的电流。

变式 1：如图 5 - 3 所示，电阻 $R_1$ 为 $10\Omega$，电源两端电压为 $6V$，滑动变阻器 $R$ 最大阻值为 $50\Omega$。开关 S 闭合后，求：（1）滑动变阻器滑片 P 移到最左端时，通过电阻 $R_1$ 的电流 $I$；（2）当滑动变阻器的滑片 P 移到最右端时，通过电阻 $R_1$ 的电流 $I'$。

分析：变式 1 的目的是更换情境，将原题直接给出滑动变阻器接入电路的电阻大小，改为移动滑动变阻器滑片到最左端和最右端，使学生理解滑动变阻器能接入电路的最大电阻值和最小电阻值及如何求对应电流的大小。

变式 2：如图 5 - 3 所示，电阻 $R_1$ 为 $10\Omega$，开关 S 闭合后，当滑动变阻器 $R$ 的滑片 P 由最左端滑动到最右端时，通过电阻 $R_1$ 的电流由 $0.6A$ 变为 $0.1A$，求：（1）电源电压；（2）滑动变阻器的最大阻值。

分析：变式 2 题目中移动滑动变阻器是一个动态单向变化过程，要求学生理解滑动变阻器在移动过程中对应电流的动态变化关系，通过电阻极值找到电流极值，利用欧姆定律、串联电路的电压及电流特点，可求出电源电压和滑动变阻器的最大阻值。

学以致用是学习物理的最终目的。物理知识只有运用于生产生活，才能体现学科价值，才能体现学习物理的意义。如果学生学习了电路知识，对家里出现的空气开关跳闸现象不会处理，那学习的电学知识就是死知识。学生要将知识应用于生活，就要善于观察生活，加强物理与生活的联系。尝试用物理知识解释生产生活中的现象。比如为什么书包带做得扁而宽？为什么飞机能飞上天空？为什么冬天脱毛衣时会产生放电现象？为什么电风扇通电会转动？尝试用物理知识解决生活中的实际问题。比如在生活中遇到钥匙较难插入锁孔，学生要联想到可能是摩擦变大了，要想到减小摩擦的方法去解决问题。又比如汽车在山路的泥里打滑，学生要联想到增大摩擦的方法去解决问题，在打滑的车轮下方垫上石块、杂草等，通过增大车轮与地面的摩擦驶出打滑地。学以致用一个很重要的方面是将物理知识用于实践。教师要引导学生进行一些课外实验、物理小制作或开展跨学科实践活动，辅导学生参加科技创新比赛、实验创新比赛等科技实践活动。通过实践活动，引导学生在做中学、用中学、创中学，提升学生的核心素养。

## 六、利用动画、微视频、虚拟实验突破难点

运用动画、微视频、虚拟实验是有效的物理教学手段，能促进学生对物理知识的理解。

动画演示的物理过程条理清晰、形象，能充分展现物理过程的变化细节，具有较强的动态性和直观性，这对学生理解一些复杂的变化过程具有独特的作用。动画适用于：①难以用实物演示的物理过程。在教学中，由于环境、器材、操作条件的限制，一些现象或实验无法在课堂用实物展示出来，可以通过动画来展示。比如托里拆利实验要用到汞液做实验，汞液有毒，有安全隐患。用动画展示托里拆利实验，可以清晰地展示实验的操作细节及玻璃管中汞液的变化，促进学生理解实验的原理，且不会有危险。又比如演示讲述分子动理论知识时，原子的核式结构模型无法用实物动态展示给学生观察，通过动画展示，学生可以清晰地看到原子结构及电子的运动模型。②能用实物演示但是直观性不够的物理过程。直观性不够是教师进行实物演示存在的问题。比如用汽油机模型演示汽油机的工作过程，教师操作过程中，学生较难看清活塞运动情况，但是动画过程细节很清晰，这时可以将实物演示与动画演示相结合，使学生看清气门的开闭情况、活塞的运动情况，建构汽油机的动态工作模型。电动机电刷的作用是可以用实物演示的，但是演示的效果并不好。通过动画演示电

刷的作用，学生能清晰地看到线圈中的电流变化及对应的受力方向的变化，直观地理解电刷改变电流方向的原理及线圈转动的原理。

微视频具有讲解时间短、针对性强、讲解详细、重点突出、容易吸引学生注意力的特点。教师可以针对学生学习易出现的认知错误录制微视频，帮助学生纠正错误认知；针对教学重点录制微视频，促进学生对重点内容的理解；针对教学难点录制微视频，使学生突破难点。例如学习密度知识时，有些学生认为密度跟质量成正比，跟体积成反比。针对学生的错误认知，教师可以录制微视频"密度跟质量和体积有关吗？"通过视频详细讲解密度概念的含义，通过实验与例子说明同种物质的密度一般相同，不同种物质的密度一般不同，密度反映物质的一种性质。

虚拟实验是真实实验的有益补充。真实实验用实物进行，学生动手操作器材，可以锻炼学生的动手能力，能观察到真实的实验现象及真实数据。虚拟实验模拟真实实验过程，实验现象及数据是虚拟的且理想化的。尽管虚拟实验在真实性方面比不上真实实验，但是虚拟实验有其独特的优势，一些在实际情境中不容易操作的、危险性高的、直观性不强的、容易造成较大误差的实验，通过虚拟实验展示，效果会很好。如做"探究晶体海波的熔化过程"这个实验，如果按教材的实验装置用水浴法进行实验，在实际操作过程中，操作不当会导致烧杯中的水温过高，海波熔化过程较短，得不到熔化过程的实验数据；还可能由于海波受热不均匀，测出的温度不能准确反映海波的熔化温度等，实验具有较多的不确定性，最后得出的海波熔化温度曲线不一定理想。但是虚拟实验能使真实实验理想化，得到较为理想的实验数据曲线。虚拟实验的一个较大的优点是只要有电脑或手机，就能随时做实验，不受场地、器材的限制。

## 七、构建"三助"课堂

"三助"即自助、互助、师助。通过"三助"，学生克服学习中的困难，树立学习信心，提高学习效果。在现实课堂中，一些学生遇到问题时，不独立思考，也不请教别人，不主动解决问题，导致积累的问题越来越多，旧的问题还没弄清楚，新的问题又来了，致使学习遇到了很大困难。"学而不思，学而不问"是学习的大忌。对物理学习来说，一个概念弄不清楚，会影响新概念的学习，产生不良的连锁反应。如果学生不理解电流、电压、电阻这些基本概念，那就不会理解欧姆定律。如果学生不理解什么是物体排开液体的重力，那就理解不了阿基米德原理。对于物理学习来说，学生及时解决学习中遇到的问题对后续的学习非常关键。教师要培养学生及时解决问题的意识及习惯，引导学生乐于求助且乐于助人。教师要引导学生遇到问题时，先通过自己的力量，查阅有关资料，开动脑筋去解决问题，学会自助。如果学生独立思考解决不了问题，那就求助同学，实现同学间的互助。如果学生求助同学也解决不了问题，那就要求助教师，即师助。教师应构建"三助"课堂，引导学生独立思考、互相帮助、多问教师。学生间的交流讨论、师生间的交流讨论有助于学生思维能力的发展。

# 第六章　初中物理科学思维方法教育

## 第一节　教材中的科学思维方法

　　义务教育物理教科书是落实义务教育物理课程标准的载体。义务教育物理教科书有多个版本，本书以人教版和粤沪版两个版本为例，来说明教材中的物理思维方法。不管是哪个版本的物理教材都有培养学生科学思维方法的目标，即培养学生模型建构、科学推理、科学论证、质疑创新的能力。物理教材是以义务教育物理课程标准为依据，以生产生活实际为基础，以物理科学思维方法为线索，以实践活动为载体编写的。对教材的物理科学思维方法进行分析，有利于教师更好地体会编者的意图，更好地利用教材对学生进行物理科学思维方法教育，使学生奠定科学思维方法、科学思维能力和科学思维品质的基础。

### 一、物理科学思维方法具有重要地位

　　建立物理学概念、探究物理学规律都需要用到物理科学思维方法。物理科学思维方法是物理知识大厦中的结构内容，使概念和概念、概念和规律建立逻辑联系。如果把概念和规律比作露出水面的冰山，那么物理科学思维方法就是水面以下的部分，没有这水下部分的支撑，水面上的冰山将难以建立，这体现了物理科学思维方法在物理知识结构体系中具有非同一般的意义。

　　1. 物理科学思维方法是教材的学习线索之一

　　义务教育物理教材编写的思路大致是：从实际生活中创设问题情境，引入物理学习，通过符合学生认知规律的活动，由易到难，由浅入深地推进学生对概念和规律的学习，为提高学生学习兴趣、使学生成为学习的主人创造条件。在教材编写的过程中，物理科学思维方法成为一条线索，使教材内容融为一体。物理教材循序渐进地将物理科学思维方法植入概念、规律的学习以及探究

活动中，使学生在学习概念与规律中体验方法，实现物理科学思维方法的感悟和内化，建构概念、规律、方法相互联系的知识体系。比如粤沪版义务教育物理教材，明显地将科学思维方法教育显性化，在实验设计上，明确提出了所用的科学思维方法，还将所用科学思维方法的定义描述出来，使学生通过实验探究经历使用科学探究方法，并清楚所用科学思维方法的含义。人教版义务教育物理教材在实验探究中会给出实验操作图或实验步骤，尽管实验操作示意图或实验步骤隐含了所用的科学思维方法，但是教材并没有对所用方法进行显性化的介绍，这需要教师去讲解科学思维方法，使学生知道实验所用科学思维方法的名称和含义。

比如粤沪版及人教版物理教材"认识内能"这节课，都是通过类比建立学习线索的。先是联系生活提出问题"交通工具做功的能量是从哪里来的?"然后将"运动着的篮球具有动能"与"运动着的分子也具有动能"进行类比；将"自由下落的苹果和地球互相吸引具有势能"与"互相吸引的分子也具有势能"进行类比；将"被压缩的弹簧的各部分互相排斥而具有势能"与"互相排斥的分子也具有势能"进行类比，使学生认识到分子也具有与物体相类似的动能和势能，建立内能的概念。人教版物理教材"内能"这节课，先是提出问题："装着开水的暖水瓶，有时瓶塞会弹起来，推动瓶塞的能量来自哪里?"然后将物体动能与分子动能进行类比，将物体势能与分子势能进行类比，建立内能的概念。相比之下，粤沪版教材对类比法的介绍比人教版教材更为突出和详细。

又如粤沪版物理教材"怎样认识电阻"这节课，先通过活动比较不同导体对电流的阻碍作用，使学生认识不同的导体对电流的阻碍作用不同，从而引入电阻的概念；利用控制变量法探究影响导体电阻大小的因素，使学生认识到电阻是导体本身的一种性质。在探究影响导体电阻大小的因素实验中，教材将控制变量的研究方法通过"金钥匙"详细地描述出来。

人教版物理教材"电阻"这节课，教材的编排与粤沪版物理教材类似。在探究影响电阻大小的因素实验中，教材提出影响电阻大小的因素，并针对每个因素说明了实验操作的方法，让学生明确针对所研究的内容，选择适当的器材。但是教材并没有将控制变量的研究方法显性化，也没有强调控制变量的研究方法。

相比之下，粤沪版物理教材更注重探究方法的教育，给学生更大的探究空间，能将实验所用的方法明确地显示出来。其中"希望你喜爱物理"中写道："我们不仅要知道物理概念的来源，经历物理规律的探究过程，还要学习用科学的方法进行探究，在此基础上，进一步弄清楚概念和规律的含义，并会运用它解释和解决一些实际问题。"[4] 这一表述体现了教材的编写思想，说明粤沪版物理教材很注重科学探究及科学思维方法教育。

2. 物理科学思维方法是物理教材的灵魂

物理学由物理概念、物理规律以及贯穿其中的物理科学思维方法构成。概念的产生及规律的探究要建立在一定的科学思维方法基础之上，有些概念虽然不同，但是可能基于相同的科学思维方法而建立；有些规律虽然不同，但是探究过程使用相同的科学思维方法。以粤沪版物理教材为例，应用控制变量法进行的活动有：探究影响弦乐器音调的因素；探究影响压力作用效果的因素；探究影响摩擦力大小的因素；探究影响液体压强大小的因素；探究影响浮力大小的因素；探究影响滑轮组机械效率的因素；探究影响动能、势能大小的因素；探究影响导体电阻大小的因素；探究欧姆定律；探究影响电流热效应的因素；探究影响电磁铁磁性强弱的因素。利用转换法进行研究的活动有：将敲响的音叉接触水面使水花溅起，显示发声体在振动；研究动能与哪些因素有关时，通过纸盒被小球推动的距离来定性反映小球动能的大小；研究电磁铁的磁性强弱时，通过电磁铁吸引小铁钉的数目来反映磁性的强弱；研究焦耳定律时，通过相同质量的煤油升高的温度来反映电阻产生电热的多少。

可见，有些概念和规律描述的对象虽然不同，却有着共同的思维本质。这些具有共同本质的东西可以将不同的内容联系起来，形成在共同思维框架下的知识体系，因此物理科学思维方法是统领教材的灵魂。

## 二、教材中的物理科学思维方法

以粤沪版初中物理教材为例，教材很好地体现了概念形成、规律探究中的物理科学思维方法。教材设置的各种问题情境及探究活动，丰富了物理科学思维方法教育的途径，是学生学习物理科学思维方法的有效载体。除此之外，大量的物理科学思维方法渗透于教材编排的始终，给教师很大的挖掘、加工、整合空间。这些物理科学思维方法都是物理学家留下的智慧结晶，值得物理教学工作者去探索、研究，并渗透到课堂教学中去。具体如表 6 - 1 所示。

表6-1　粤沪版物理教科书中的物理科学思维方法

| 序号 | 物理科学思维方法 | 举例 | 粤沪版物理教科书（2012年版）对物理科学思维方法的描述 |
|---|---|---|---|
| 1 | 比较 | 长度和时间的测量 | 比较是认识事物的基本方法，有定性比较和定量比较，测量就是一种定量比较 |
| 2 | 累积法 | 测量一张纸的厚度 | 先测多张纸的厚度，再算出一张纸的厚度 |
| 3 | 归纳 | 探究光的反射规律 | 归纳就是从实验事实中找出因果联系的一种方法 |
| 4 | 图像法 | 探究水沸腾时温度变化的特点 | 对于一些物理量的变化情况，根据测量数据，用图像来表示 |
| 5 | 比值定义 | 密度的定义 | 用质量与体积的比值定义密度 |
| 6 | 理想实验 | 探究运动和力的关系 | 理想实验是科学推理的一种重要方法 |
| 7 | 控制变量 | 探究影响导体电阻大小的因素 | 用实验研究几个量之间的关系时，先使某些量保持不变，研究其余两个量的关系 |
| 8 | 建立物理模型 | 研究原子结构 | 物理模型是在一些事实的基础上，经过想象、类比等论证提出，模型是否正确，需要实验的检验 |
| 9 | 类比 | 内能与机械能类比，电流与水流类比 | 将未知事物与已知事物进行比较，根据它们的相同或相似，推测未知事物也可能有某种相似的属性 |
| 10 | 转换 | 在研究电磁铁磁性强弱与哪些因素有关时，通过吸引小铁钉的数目来反映电磁铁的磁性强弱 | 无直接描述 |
| 11 | 等效替代 | 在研究平面镜成像规律时利用一支没有点燃的蜡烛等效代替点燃的蜡烛 | 无直接描述 |
| 12 | 简化 | 简化电动机的内部结构 | 把影响事物发展与变化不大的因素（次要因素）忽略掉，而将主要因素抽取出来的做法 |

## 三、教材物理科学思维方法教育的形式

**1．粤沪版物理教材科学思维方法教育以显性教育的形式为主**

粤沪版初中物理教材卷首语"致同学们"中写道："你一定听说过伽利略、牛顿、爱因斯坦、李政道、杨振宁等大科学家吧！他们成功的一个重要原因，就是善于用物理学思想与方法去思考、发现和探索。'金钥匙'将向你介绍物理思想和方法，使你受到科学的熏陶，获得科学的启示，你会变得更聪明。"据统计，八、九年级 4 册物理教材编排的"金钥匙"栏目有 17 个，每个栏目介绍了一种物理科学思维方法供学生学习。这是教材对学生进行物理科学思维方法教育的显性教育形式。这种显性教育的形式有以下作用：

（1）粤沪版教材不是让学生总结方法，而是直接以"金钥匙"栏目的形式给出，这主要是考虑到学生的认知特点。对初中学生来说，建立物理概念或探究物理规律，肯定会用到一定的方法，但未必能总结出那是什么方法，因此教材中直接介绍物理科学思维方法，有利于学生对方法的认识和总结，有利于他们今后的学习和物理科学思维方法的迁移应用。

（2）粤沪版教材把物理科学思维方法显示出来，可以让教师在备课时将物理科学思维方法纳入教学设计中，并且促使教师思考如何对学生进行这些方法的教育，以取得更好的教育效果。

（3）粤沪版教材把物理科学思维方法显示出来，体现了新课标核心素养的理念。这有利于教师在使用教材的时候，落实新课标理念，重视学习的过程与方法，提高学生的科学素养。

（4）隐性渗透的显示。粤沪版教材中并不是所有科学思维方法都采取显性的方式总结出来，有些科学思维方法虽然渗透在学习活动中，但教材并没有对它们进行介绍，这并不代表编者不重视这些科学思维方法，而是有意给教师留下拓展物理科学思维方法的空间。正因为这样，教师除了教授教材所介绍的方法，还应挖掘教材所体现的其他科学思维方法。如探究声音产生的原因时，敲击音叉，将叉股插入水中，溅起水花，采用了将微小振动放大的转换法。在研究影响动能大小因素的实验中，通过小球撞击纸盒的远近的不同来比较动能的大小，采用了转换法。在测量摩擦力大小时，用弹簧测力计水平匀速拉动木块在水平面做匀速直线运动，这时拉力大小等于摩擦力的大小，这利用了等效替代的科学思维方法。在研究平面镜成像特点的实验中，采用两支等大的蜡烛

进行实验，也采用了等效替代的科学思维方法。学生虽然能受到这些隐性科学思维方法的熏陶，但学生并不知道它们叫什么方法，这就要求教师在教学中把这些隐性存在的方法显示出来，告诉学生这些科学思维方法的名称和内涵，这有利于学生更好地学习这些科学思维方法。

2. 人教版物理教材科学思维方法教育以隐性教育的形式为主

人教版物理教材的一些探究活动，教材直接给出了实验步骤，学生参照实验步骤进行实验，在实验中用到了某些科学思维方法，但是教材并没有提及这些科学思维方法，导致学生用了科学思维方法但是并没有特别留意自己用了什么方法。这需要教师在处理教材时，注意教材中隐含的科学思维方法，在教学中渗透科学思维方法，使学生经历应用科学思维方法的过程，同时知道所用方法的名称。

现在以探究影响滑动摩擦力大小的因素为例，说明粤沪版物理教材与人教版物理教材在科学思维方法教育方面的差异。

粤沪版物理教材提出问题进行猜想后，在制订计划环节，明确提出"先保持接触面的粗糙程度不变，研究滑动摩擦力的大小跟压力大小的关系；再保持压力不变，研究滑动摩擦力的大小跟接触面粗糙程度的关系"。教材明显地将控制变量的实验方法表述出来让学生领会。教材提供了木块、弹簧测力计、砝码、毛巾、木板等器材，让学生设计探究实验，并进行探究，得出结论，对学生提出了较高的思维要求。学生不但要知道实验用到了什么科学思维方法，而且要利用这种科学思维方法进行实际操作，获得实验结论。

而人教版物理教材在提出猜想后，直接给出了探究影响滑动摩擦力大小的实验操作示意图和实验步骤，这些步骤都应用了控制变量法，教材并没有将实验方法表述出来，没有强调控制变量实验设计思想。然而教材的实验步骤蕴含着控制变量的科学思维方法，教师应将这种科学思维方法显性化地描述出来，对学生进行控制变量的方法教育。

## 四、教材中物理科学思维方法的教育功能

### 1. 德育功能

教材以显性和隐性的方式对学生进行物理科学思维方法教育，体现教材重过程和方法的理念。虽然教材没有较多关于物理学家的科学思维方法产生背后的感人故事，但是教师可以通过教材中的科学思维方法，介绍它们产生的背

景。物理科学思维方法是物理学家的智慧结晶，也是他们科学精神的结晶。物理学家们专心钻研、坚韧不拔、忘我工作、无私奉献、献身科学、服务人类的精神能够给学生很大的感染和熏陶。因此方法教育和情感、态度、价值观教育并不是割裂的，而是一个和谐的统一体。

2. 智育功能

从物理现象到物理概念的建立及物理规律的探究需要一定的方法。教材中设计的探究活动从问题的提出、猜想与假设、设计实验与制订计划到进行实验与收集证据、分析论证、评估等过程都需要学生逻辑思维与形象思维的参与。学生在探究活动中的思维活动过程就是学生能力形成的过程。学生迁移应用科学思维方法解决问题或学习新知识，也要有思维的参与。知识、方法、能力三者是相互作用、相互促进的。可见，物理科学思维方法无论是对学习物理知识还是对应用物理知识都至关重要。物理知识是学科能力发展的基础，而物理科学思维方法为人的可持续发展提供永久的支持。

3. 美育功能

粤沪版教材中，每章的首页都有一首物理诗。将学习的内容以诗的形式展示，让学生感受物理的美，这是教材美育功能的一种形式。教师在使用教材时就可发现，物理科学思维方法具有美育功能。比如卢瑟福的原子核式模型，给人以模型美。又比如探究冰在熔化过程中温度随时间变化的关系时，教师将实验数据用图像表示出来，给人以简洁、形象、逻辑的美感。物理科学思维方法的美需要教育者用心启发学生去发现、体会。

综上所述，粤沪版物理教材体现了物理学的方法论思想，蕴含了丰富的物理科学思维方法资源，值得教材使用者去挖掘、加工和利用。物理科学思维方法教育将会为学生今后的发展打下坚实的物理科学思维方法基础，有利于学生的终身发展。

# 第二节　物理科学思维方法在教学中的渗透

## 一、在物理教学中渗透物理科学思维方法的意义

1. 学生可持续发展的需要

科学思维方法教育强调了比较、判断、评估、归纳、推理、抽象等思维活

动。这些思维活动可以促进人的智力的发展。在物理教学中，不能只是将知识讲给学生，而是引导学生通过观察、实验、思考去学习知识。学生经历了探究知识的过程，能更好地理解所学知识及所运用物理科学思维方法。对学生来说，物理知识容易忘记，但是所经历的科学思维过程会让学生印象深刻。当学生理解了某种科学思维方法后，他们就会把这种思维方法迁移应用到新情境中去获取知识或解决问题。科学思维方法教育，有利于学生的学习和发展。因此，对学生进行物理科学思维方法教育将对学生认识世界的方式及今后的发展产生深远的影响。

2. 新课标的要求

新课程标准的实施，为教师进行初中物理科学思维方法教育提供了有力的理论依据和支持。在新课程标准中，"核心素养"被摆在一个非常突出的位置，是课堂教学的目标，是评价课堂教学的重要指标。科学思维是核心素养中的重要内容之一，要落实物理核心素养，就要提高学生的思维品质，使学生成为会思考的人。在教学中培养学生的科学思维，能使学生奠定科学思维方法、科学思维能力和科学思维品质基础，为今后可持续发展提供有力支撑。在强调物理学科育人的背景下，教师要理解课标精神，转变教学方式，重视在物理教学中培养学生的科学思维，让学生经历思考过程。

## 二、在课堂教学中渗透物理科学思维方法教育的途径

### 1. 利用物理学史渗透物理科学思维方法教育

在古代，人们利用哲学思想认识世界，到了十六七世纪，物理学才从哲学中分离出来，成为独立的学科。物理学的发展是一部浩瀚的历史，是一部物理科学思维方法的发展史。它包含丰富的物理科学思维方法教育素材，那就是物理学家成功的经历和研究方法对学生的启示。物理发展史上的各位巨人如伽利略、牛顿、爱因斯坦等，他们身上有很多成功的故事。在教学中，教师向学生讲述物理学史，介绍物理学家的生平、故事、成就、科学思维方法，让学生从物理学家研究问题的科学态度及科学精神中受到启迪，从而对学生进行情感、态度、价值观的教育。因此，教师在备课时要收集好相关的历史资料，一方面对学生进行情感、态度、价值观教育，另一方面从中渗透物理科学思维方法教育。

如"探究物体不受力时怎样运动"这节课，课本就涉及了亚里士多德与

伽利略的不同观点。教师可以给学生讲一些亚里士多德与伽利略观点之争的历史故事，如通过讲述伽利略用理想实验方法否定亚里士多德一些观点的故事，让学生领会"理想实验"等科学思维方法的魅力，也教育了学生物理学习要有质疑精神，不盲从权威，才能有新发现。

2. 在概念教学中渗透物理科学思维方法教育

物理概念的教学需要创设情境，使学生在丰富的感性认识的基础上通过思考把共同的本质的东西抽象出来，上升到理性思维的层次。物理概念是经过科学思维过程而建立的，教师要把概念教学和物理科学思维方法教育结合起来。在初中物理教学中，概念的建立主要用到的物理科学思维方法如表6-2所示。

表6-2 概念建立的物理科学思维方法

| 序号 | 概念建立的物理科学思维方法 | | 举例 |
|---|---|---|---|
| 1 | 比较 | 量的比较 | 温度概念是利用人们对物体冷热的不同感受比较引出的，类似的有长度、时间、质量 |
| | | 静与动的比较 | 机械运动、参照物等 |
| | | 比值比较（比值定义） | 速度概念的建立：路程与时间之比得到速度的概念；密度、压强、功率、热值、机械效率等概念的建立也是运用比值法 |
| 2 | 类比 | | 建立电流的概念时，将电流与水流类比；建立内能的概念时，将内能与机械能类比 |
| 3 | 建立物理模型 | | 匀速直线运动、重心、光线、磁感线、光滑斜面 |
| 4 | 乘积定义 | | 功是力和力的方向上的距离的乘积 |
| 5 | 等效替代 | | 电路中的总电阻 |

在概念教学前，教师必须研究概念建立过程中用到的物理科学思维方法，深入挖掘概念建立的思维本质。只有认清这一点，物理科学思维方法教育才有明确的指向性。教师要让学生经历从各种事物或现象中提取共同特征建立概念的过程，引导学生将概念建立过程所用到的物理科学思维方法提取出来，使学生认识到他们所学的概念产生的思想根源。

比如在学习速度、密度、功率等概念时，要学生建立通过比值定义来描述事物本质现象的科学思维方法。路程与速度的比值反映物体运动的快慢；物质质量与体积的比值反映物质的疏密程度；功与做功时间的比值反映做功的快慢。又比如在学习欧姆定律时，要在实验设计环节渗透控制变量的科学思维方法，引导学生思考影响电流大小的因素可能有电压、电阻等因素；要研究电流与电压的关系，需思考如何处理电阻这个自变量，如何处理电压这个自变量，使学生通过思考或讨论认识到，要控制电阻不变，改变电压大小，从而研究电流与电压大小的关系。要研究电流与电阻的关系，需思考如何处理电压，如何处理电阻，引导学生思考或讨论。当学生在新的情境中研究因变量与某个自变量是否有关时，懂得控制有关变量进行探究，说明学生已经会迁移运用控制变量法了。

在教学中，很多概念的建立、规律的探究都要用到科学的探究方法，教师务必要把这些概念建立过程中所用的科学思维方法显现出来，让学生明白所学的概念是建立在怎样的科学思维方法基础之上的，并注意将其与其他概念的科学思维方法进行联系比较，深化认识。

3. 在实验中渗透物理科学思维方法教育

许多物理实验的设计和实施及数据的处理都要用到物理科学思维方法，如设计实验的思想、进行实验及处理数据的方法等。如何在实验教学中对学生进行物理科学思维方法教育呢？要做到以下两点：

（1）让学生经历设计实验的思维过程。在教学设计中，教师为了对学生进行科学思维方法教育，要让学生经历实验设计过程，体会所用的科学思维方法，并能将所用的科学思维方法表达出来。因此，教师要给学生较为充足的思考时间，并正确引导学生思维的方向。其教学过程是：教师引导学生提出问题、猜想和假设，设计问题引导学生领会实验的设计思想，引导学生设计实验、进行实验、收集数据、分析论证、得出结论。

比如"探究压力的作用效果与哪些因素有关"这个实验，教师可以通过"问题引导"的方法渗透物理科学思维方法教育：

师：这个实验可以分为哪两个实验？

生：研究压力的作用效果与压力大小的关系，研究压力的作用效果与受力面积大小的关系。

师：如果研究压力的作用效果与压力大小是否有关，如何处理受力面积，才能使受力面积大小不影响研究？

生：保持受力面积大小不变。

师：这时我们要改变什么？观察什么？

生：改变压力大小，观察压力的作用效果。

师：如果要研究压力的作用效果与受力面积大小的关系，如何处理压力，才能使压力大小不影响我们的研究？

生：保持压力大小不变。

师：这时我们要改变什么？观察什么？

生：改变受力面积大小，观察压力的作用效果。

师：同学们都领会了实验设计思想，请设计实验方案。

教师通过以上思维过程的引导，让学生领会实验设计的控制变量法，即研究几个量之间的关系时，先使一些量保持不变，研究其余两个量之间的关系。

（2）显化实验过程的科学思维方法。现行义务教育物理教材为了降低实验难度，大部分的实验，都会给出实验的设计过程及操作步骤，学生按照教材的步骤去做就能得出实验的结论。即便如此，教师应引导学生将实验内在的科学思维方法显示出来。其教学过程是：教师引导学生提出问题、猜想和假设、按教材设计的步骤进行实验、收集数据、分析论证、得出结论，最后教师显化实验设计思想。

如粤沪版物理教材"探究影响电磁铁磁性强弱的因素"这个实验，教材有清晰的实验设计和实验图，学生凭生活经验能建立起"电磁铁磁性越强能吸引越多的大头针"这样的联系。学生可以按课本步骤顺利完成实验，但是做完实验却不能意识到自己所用的科学思维方法，教材也没有提及。为了显示实验科学思维方法，可以设计如下问题：

师：实验中，同学们是如何比较电磁铁磁性的强弱的？

生：通过观察电磁铁吸引大头针的数目来比较。

师：能否直接比较磁性强弱，而不用大头针？

生：不能，磁性强弱无法直接观察。

师：我们把不易观察的"磁性强弱"转化为容易观察的"大头针数目"，这样的方法叫转换法。

教师通过问题的引导，让学生将实验过程所用的方法显现出来，并认识"转换法"的含义。

4. 在习题教学中渗透物理科学思维方法教育

习题教学可以提高学生迁移应用知识的能力，可以发现学生学习中存在的问题，可以让学生领会解决问题的科学思维方法。可见，习题教学不但具有促进学生能力提升的功能，而且有教学反馈及科学思维方法教育功能。因此，教师在教学中既要让学生通过解题巩固所学知识，也要让学生通过解题领会科学思维方法，做到借题发挥，以题论法。首先，教师要跳入题海淘题，"千淘万漉虽辛苦，吹尽狂沙始到金"，在题海中找到训练学生思维与方法的好题。其次，教师要挖掘习题中的科学思维方法，引导学生去领会。

例：（2020 年广东省中考题第 12 题）图 6 - 1 为"探究电流通过导体产生的热量跟＿＿＿＿＿的关系"的实验装置。实验中用 U 形管内液面高度差的大小来反映电流通过导体产生热量的多少，这种方法叫＿＿＿＿（选填"控制变量"或"转换"）法。通电一段时间后，左侧容器内空气吸收的热量比右侧的＿＿＿＿（选填"多"或"少"）。

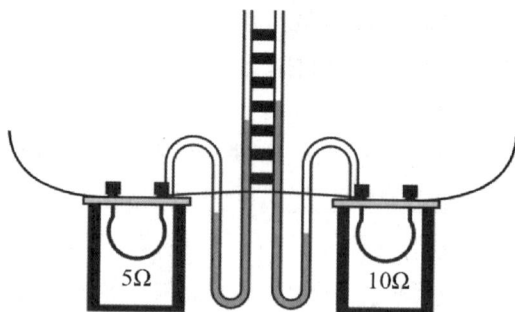

图 6 - 1

本题蕴含了两种科学思维方法，一种是控制变量法，就是通过串联电路控制电流不变，研究电热与电阻的关系。另一种是转换法，就是如何体现电热的多少，通过什么现象体现出来，题目有相关的问题。因此解释本题，需要学生理解这两种方法的应用，真正做到以题论法。

综上所述，教师有很多途径对学生进行物理科学思维方法教育，应结合教学实际及教学内容有目的地渗透相应的科学思维方法，以提高物理科学思维方法教育的效果。

# 第七章  初中物理思维培养

## 第一节  通过有效提问培养学生思维

在课堂中，教师通过提问引发学生对问题的思考，学生在思考过程中，运用各种思维方法寻找问题的答案，实现思维的提升。教师在课堂中的提问艺术及提问技巧非常重要，教师提问的质量直接影响学生思考的质量。现实教学中，课堂提问存在一些问题：

（1）提问的随意性大。一些提问是教师随口而出的，比如"是不是？对不对？听懂了吗？会了吗？可以了吧？"教师这样问也许只是为了得到学生的回应和粗略的教学反馈，回答问题的也可能只有小部分学生，这些提问较为随意，不能真实反映学生的总体学情。

（2）提问强调记忆。有一些教师要求学生回忆所学内容。这类提问在教师进行复习时较常见。记忆性提问，就是提出问题要学生回忆学过的知识，不是为了引发学生的思考。比如，问学生什么叫内能，什么叫热量，什么叫压强，声音是怎样产生的等，这些提问就是检查学生是否记住相应的定义，不涉及检查学生对概念的理解。

（3）提问一些无价值的问题。在课堂上，教师问一些与学生理解物理知识关系不大的问题，这些问题对实现教学目标没有多大意义。比如学习"热值"时，提出问题："你家用的是什么燃料？"这个问题其实没多大意义，因为家里常用的燃料大家都清楚。比如，学习浮力时，有的教师提问："同学们，你们有过游泳的经历吗？"比如，学习"声音"时，提问学生："同学们，声音是由物体振动产生的吗？"这些问题都有一个共同点，就是只需回答是什么或不是什么，有或没有，知道或不知道。这些问题的思维含量太低，不能引发学生的思考。

真正的有效提问，是能引起学生思考的，是能指向教学目标的。在提问之前，教师要思考什么时候问？问什么？为什么要问？如何问？把这些都考虑清楚后，才去提问学生，这样提出的问题就更有针对性和价值。比如，教学"声音的产生"，教师会播放各种声音给学生听，学生听完后，教师提问："声音是如何产生的呢?"教师的问题是在学生听了各种声音之后提出的。提出问题之后，教师就能设计实验，进行实验演示了。可见，提出问题是进行科学探究的前提。

演示实验1：敲响音叉，把音叉轻触水面，这时会有水花溅起。

师问：你看到水面上发生了什么现象?

生答：水面上有水花溅起。

演示实验2：敲响音叉，用一根绳子系着塑料小球，让其接触正在发声的音叉，这时塑料小球会振动起来。

师问：同学们看到小球发生什么现象?

生答：小球发生了振动。

通过这些提问，教师引导学生去发现发声体在振动。

演示实验3：敲响音叉，学生听到音叉发出的声音，用手按住音叉，学生听不见音叉发出的声音了。

师问：用手按住音叉，音叉还能振动吗? 还能听到音叉发出的声音吗?

生答：音叉不能振动，我们也听不到音叉发出的声音了。

师问：结合三个实验现象，推理归纳出声音是怎样产生的。

生答：声音是由物体振动产生的。

可见，以上关于声音教学的提问，紧紧围绕着发声体振动展开，指向"声音由物体振动产生"的教学目标。

教师提问题要注意：

（1）提出的问题要凝练、简洁，便于学生理解，不要让学生感觉到有歧义。

（2）问题要问到关键处。在课堂教学中，要把握问题的数量和质量，问题不是越多越好，需要学生关注并思考的地方才需要发问，那些学生已经知道的问题或超出学生能力范围的问题没必要发问。提问的根本目的是让学生通过对问题的探究与思考，理解掌握要学习的知识和方法。

（3）通过限定性提问引导学生抽象事物的共同特征，形成概念。最常见的是，教师向学生展示一些事物，引导学生观察这些事物，学生观察事物之后，教师提出问题，引导学生基于观察到的现象思考事物的本质特征。比如，教师给学生介绍冰变成水、蜡烛点燃后慢慢变为液态、钢变成钢水等现象，提问学生："这些现象有哪些共同的特征？"这样提问会让学生思考的范围过大，从不同角度去思考这些现象的共同特征，得到各种不同的答案。为了使提出的问题更有针对性，教师要给这个问题设定范围，增加限定性条件，将问题改为："这些现象在物态变化上有哪些共同的特征？"这样学生就能有针对性地回答："共同的特征都是由固态变为液态。"这样有利于形成熔化的物理概念。

（4）通过启发式提问引发学生猜想。比如学习滑动摩擦力，为了引发学生思考与探究，提出问题："滑动摩擦力的大小与哪些因素有关？"这个问题比较开放，会引发学生各种各样的猜想。学生猜想滑动摩擦力的大小可能与压力大小、接触面积大小、接触面的粗糙程度、运动速度大小、物体密度大小等有关。学生的猜想应该是有一定根据的猜想，而不是胡思乱想。因此在提这个问题时，要附加一些内容，比如可以这样提问："用橡皮擦擦写错的字时，用力擦擦得更干净；人走在较粗糙的路面上不容易打滑，滑动摩擦力的大小与哪些因素有关呢？"这个问题，给了学生一定的引导，使学生提出更有根据的猜想。

（5）通过递进式提问引导学生理解物理实验过程与方法。在探究电流与电阻的关系时，要控制定值电阻两端的电压不变，更换不同阻值的定值电阻，使用的器材有电源，开关，导线，滑动变阻器，电流表，电压表，阻值分别为5Ω、10Ω、15Ω的定值电阻，等等。在实验过程中，学生感到困难的地方是在更换定值电阻后，如何使定值电阻两端的电压不变。这是实验操作的关键步骤。

对此，教师可以通过设计阶梯性问题，引发学生思考，逐步深入地解决问题。

问题1：要探究电流与电阻的关系，需要控制什么因素不变，改变什么因素？

通过这个问题，学生理解本实验的实验方法，就是要控制定值电阻两端电压不变，改变定值电阻的大小，收集电流随电阻变化的数据。

问题2：在实验操作中，将5Ω的定值电阻更换为10Ω的定值电阻后，定值电阻两端的电压会改变吗？

通过这个问题，学生学会分析，在定值电阻更换后，定值电阻两端电压变化的原因和趋势。根据串联电路的电压特点，学生分析出定值电阻两端的电压变大了。

问题 3：如何利用滑动变阻器控制定值电阻两端的电压不变？

通过这个问题，学生思考调节定值电阻两端电压不变的方法。定值电阻两端的电压变大了，要想调节定值电阻两端电压不变，需要减小电路的电流，因此要移动滑动变阻器的滑片，增大滑动变阻器接入电路的电阻。

以上例子，教师通过一个个问题，促使学生一步步地理解在更换定值电阻后，定值电阻两端的电压是如何变化的，如何利用滑动变阻器控制定值电阻两端的电压不变。在递进式提问时，前一个问题的答案是下一个问题的基础，问题与问题之间是相互联系、环环相扣的。教师的提问要有明确的目标及预期。教师要明确提问的目的，明确要学生思考什么，认识或理解什么，思考怎么提问才能更好地引导学生思考的方向，获得最好的效果。

# 第二节　通过变式练习培养学生思维

学生做练习先是模仿例题，在经历模仿获得经验后，开始学会独立去解题，尝试独立地运用物理知识解决问题。学生练习是从学到用的过程，是学生能力形成的关键阶段。学生学习物理知识，如果不进行运用，就无法实现从知识到能力的转化，也无法落实物理核心素养。每一道题都有问题的情境，都会提供一些解题的条件，学生每做一道题，都会获得基于某种情境条件下解题的经验。但是如果更换题目的情境，改变题目的条件或者变换题目的问题，学生还能在新的情境中解决问题吗？答案是不一定。这需要学生具备一定的迁移能力。变式练习，就是要变情境，变条件，变问题，通过题目的变化，培养学生灵活解决各种问题的解题能力。变式练习，可以让学生应用物理知识解决不同情境中的问题，在不同的情境中获得不同的解题经验，从而形成运用知识解决各种问题的稳定的综合素养。通过变式练习，学生还可以改正学习物理时的一些错误的认知。

## 一、改变题目情境的变式

物理情境题是把要考查的物理内容融入以生活为背景的真实情境中，其特点是物理知识与生活密切联系，要求学生能从生活情境中提炼出物理问题，能用物理知识解决生活中的问题，能培养学生在真实生活中应用物理知识解决问题的能力。变换题目情境，就是换一个题目的生活背景，但是题目所融入的知识内容不变。学生学习了物理知识后，对于一个熟悉的生活情境，能容易识别情境中的物理问题，能正确在情境中提炼出物理模型，并用所学物理知识解决问题。但是对于一个陌生的生活情境，学生可能较难在情境中识别物理问题，难以选择物理知识和方法去解决问题。教师变换情境，让学生经历在不同情境中解题的过程，能提高学生在情境中识别、提炼物理模型的意识和能力。因此，变换情境的变式题目，对培养学生的思维能力、应用物理知识解决问题的能力很有意义。

生活中有各种各样的问题，有各种各样的情境，一些情境是很多命题的素材。如汽车在泥泞的路上打滑，拔河比赛时穿上防滑鞋，南方回南天的地板很湿，北方冬天玻璃窗上有冰花，冰箱拿出的饮料瓶外壁会出现水珠，人们带着游泳圈游泳等，都是真实常见的情境。教师命制一些把生活情境与物理知识融合的题目给学生练习，使学生经历分析情境要素、提炼物理问题、应用物理知识解决问题的思维过程。

学生在某个情境中会解决问题，但是变换了情境后，不一定能解决问题。因此，教师要提供给学生不同的生活情境，培养学生迁移应用物理知识的能力。以下所列举的有关浮力知识的情境题，不管是"盐水浮鸡蛋"的情境，还是"无人潜水艇在江海潜行"的情境，所涉及的物理知识结构是一样的，都是利用了浮力知识及运动和力的关系的知识。对于学生来说，能解决"盐水浮鸡蛋"的浮力问题，不一定能解决"无人潜水艇在江海潜行"的浮力问题。要使学生在不同的情境中，都能快速识别物理模型和问题，需要变换情境，进行变式练习。

例：（2020 年广东省中考题第 15 – 3 题）重力为 $G$ 的鸡蛋沉在盛有水的杯子底部，向水中加入食盐并使其溶解，鸡蛋渐渐浮起，最终漂浮在水面，如图 7 – 1 甲所示。请在图 7 – 1 乙中画出上述过程中鸡蛋所受的浮力 $F_浮$ 随时间 $t$ 变化的大致图像。

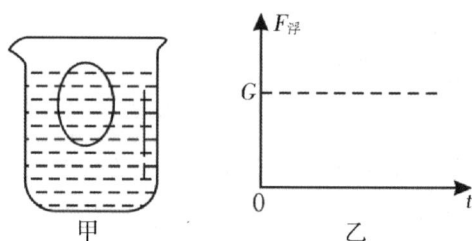

图 7 - 1

本题创设了鸡蛋在盐水中浮沉的情境，要求学生分析鸡蛋在盐水中受到浮力大小的变化情况，用图像将浮力变化的情况直观地表示出来，能有效地考查学生的思维能力。学生要重点分析液体密度的变化及鸡蛋浸在水中的体积的变化情况，从而确定鸡蛋受到浮力的变化情况。引导学生分析鸡蛋从静止到开始上浮的过程中，鸡蛋受到的浮力变化；分析鸡蛋上浮过程中（未露出水面），鸡蛋受到的浮力变化；分析鸡蛋从开始露出水面到最终稳定漂浮在水面的过程中，鸡蛋受到的浮力变化。

学生分析：往清水中逐渐加盐并使其溶解，盐水的密度逐渐增大，鸡蛋受到的浮力逐渐变大，当鸡蛋受到的浮力大于鸡蛋的重力时，鸡蛋开始上浮。在上浮到水面的过程中（但未出水面前），由于盐水密度的增大，鸡蛋受到浮力增大。鸡蛋开始露出水面后，鸡蛋浸在水中的体积逐渐变小，鸡蛋受到的浮力开始减小。由于鸡蛋具有惯性，鸡蛋会在水面上振动，直至稳定漂浮在水面上，鸡蛋受到的浮力等于鸡蛋受到的重力。

变式 1：重力为 $G$ 的鸡蛋漂浮在杯子中的浓盐水面上，沿着杯壁向水中缓慢加入清水，鸡蛋渐渐下沉，最终沉在水底，然后停止向杯中加清水，如图 7 - 1 甲所示。请在图 7 - 1 乙中画出上述过程中鸡蛋所受的浮力 $F_浮$ 随时间 $t$ 变化的大致图像。

本变式题是在原题的基础上，创设了与原题相逆的情境，强化学生综合运用阿基米德原理及浮沉条件分析解决问题。学生首先要运用浮沉条件分析，向浓盐水中加清水时，盐水密度逐渐减小，当盐水的密度远大于鸡蛋的密度时，鸡蛋是漂浮的，鸡蛋受到的浮力不变。当盐水的密度等于鸡蛋的密度时，鸡蛋悬浮。当盐水的密度小于鸡蛋的密度时，鸡蛋下沉，此时根据阿基米德原理，鸡蛋排开水的体积不变，而盐水密度在变小，因此鸡蛋受到的浮力在变小。

变式 2：某小型无人潜水艇从海面下某处潜行到长江江面下的某个位置，改变自身重力上浮，最后稳定漂浮在江面继续航行一段时间到达目的地。请分析整个过程中，潜水艇受到的浮力大小随时间变化的大致情况。

在前面，学生应用阿基米德原理及物体的浮沉条件解决了鸡蛋浮沉情境中的问题，获得了充足的解题经验。本变式练习题培养学生在新情境中，应用所学知识解决问题的能力，培养学生深度思维能力。放手让学生分析情境中的问题，运用所学知识作出科学分析，最后分享答案。

学生分析：小型无人潜水艇在海面下潜行时，根据阿基米德原理，受到的浮力不变。当潜水艇潜入长江，由于江水密度比海水密度小，而潜水艇的体积不变，潜水艇受到的浮力变小。当潜水艇上浮时（未露出水面前），因潜水艇的体积不变，受到的浮力大小不变。当潜水艇开始露出水面到最后稳定漂浮在水面上，潜水艇浸在水中的体积变小，受到的浮力变小。当潜水艇稳定漂浮在水中航行时，潜水艇受到的浮力等于自身重力，由于潜水艇稳定航行时，自身重力不变，因此受到的浮力大小不变。

## 二、改变题目条件的变式

改变题目条件就是在原题的基础上改变题目的解题条件，让学生重新去解决问题，培养学生在不同条件下解决问题的能力。对于一道题而言，给出的条件不同，解题的思路不同，选择的公式不同。如果教师变换题目条件让学生去解决问题，学生就会基于不同的条件去思考解题的方法，形成利用不同条件解决问题的能力。教师变换解题条件，可以让学生体会到，解决问题取决于题目给出的条件，解决问题的思路是多种多样的。经过这种变式训练，学生就会清楚可以用哪些不同的条件去解决同一个问题，比如求物体在液体中受到的浮力，如果题目给出的条件是液体的密度、物体浸入液体的体积，那么教师就要引导学生应用与这两个条件有关联的阿基米德原理计算浮力；如果题目给出的条件是物体的质量，且物体在液体中漂浮或悬浮，那么教师就要引导学生利用二力平衡的方法求浮力，即物体受到的浮力等于物体受到的重力；如果题目给出的条件是一个长方体物体浸在液体中，下表面受到液体的压力及上表面受到液体压力，学生就可以利用压力差法，求出物体受到的浮力；如果题目给出的条件是物体的重力、物体浸在液体中弹簧测力计的示数，学生就可以用物体受到的重力减去物体浸在液体中弹簧测力计的示数，求出物体受到的浮力。

例 1：（2023 年广东省中考题第 20 题）图 7 - 2 甲是用某款 3D 打印笔进行立体绘画时的场景。打印笔通电后，笔内电阻丝发热使笔内绘画材料熔化。加热电路简化后如图 7 - 2 乙所示，电源电压恒为 6V，$R_1$ 和 $R_2$ 为发热电阻丝，只闭合 $S_1$ 时低温挡工作，$S_1$、$S_2$ 都闭合时高温挡工作，高温挡和低温挡的功率比为 4∶3，$R_1 = 4\Omega$，忽略电阻丝阻值随温度变化。求：

（1）通过 $R_1$ 的电流；

（2）低温挡的功率；

（3）$R_2$ 的电阻值。

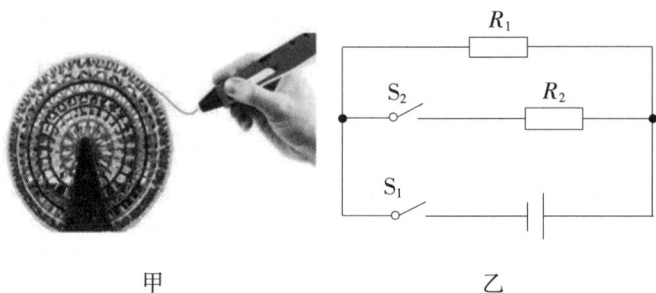

甲　　　　　　　　　　　　　乙

图 7 - 2

本题的解题思路是：利用欧姆定律可求得通过 $R_1$ 的电流，利用电功率的公式 $P = UI$ 可求得低温挡的功率，根据高温挡的功率与低温挡的功率之比，可求得高温挡的功率，高温挡的功率减去低温挡的功率可得到电阻 $R_2$ 的功率，可求得电阻 $R_2$ 的阻值。对于第（3）小问，还有其他思路，比如通过高温挡的功率除以电压，得到干路电流，从而求出通过 $R_2$ 的电流，利用欧姆定律可求得 $R_2$ 的阻值。

本题考查学生综合运用欧姆定律及电功率知识解决问题的能力。

将以上中考题进行变式：如图 7 - 2 乙所示，电源电压恒定，$R_1$ 和 $R_2$ 为发热电阻丝，只闭合 $S_1$ 时低温挡工作，工作电流为 0.3A，$S_1$、$S_2$ 都闭合时高温挡工作，高温挡的总功率为 12W，电阻 $R_1$ 和 $R_2$ 的阻值之比为 2∶3，忽略电阻丝阻值随温度变化。求：

（1）通过 $R_2$ 的电流；

（2）电源电压；

（3）低温挡的功率；

（4）$R_2$ 的阻值。

该变式题电路图不变，电路功能不变，但给出的题目条件改变了。在本题中，已知通过电阻 $R_1$ 的电流、电阻 $R_1$ 和 $R_2$ 的阻值之比为 2：3，根据并联电路各支路两端电压相等的规律得到 $I_1R_1 = I_2R_2$，可求得电阻 $R_2$ 的电流。根据电路的总功率等于电源电压与总电流的乘积，可以求出电源电压的大小；电源电压乘以通过 $R_1$ 的电流，可以算出低温挡的功率；利用欧姆定律可求得 $R_2$ 的阻值大小。教师通过变化题目条件，使学生经历不同条件下的解题过程，获得不同的解题经验，形成在复杂条件下解决电学计算问题的能力。

例 2：（根据人教版物理八年级下册第 84 页习题第 3 题改编）利用如图 7 - 3 所示的滑轮组提起一个重为 2 000N 的物体，不计摩擦及滑轮自重，绳子的拉力 $F$ 等于多少？

在本题中，由于不计摩擦和滑轮的自重，有 4 股绳子拉动滑轮，因此绳子拉力 $F$ 为物重的四分之一。

改变条件，变式 1：利用如图 7 - 3 所示的滑轮组提起一个重为 2 000N 的物体，不计摩擦，假设动滑轮自重为 200N，绳子的拉力 $F$ 等于多少？

本题在原题的基础上增加了一个条件，那就是考虑了动滑轮的重力。这时，4 股绳子共同承担物体重力及动滑轮的重力，绳子的拉力等于物重及动滑轮重力总和的四分之一。

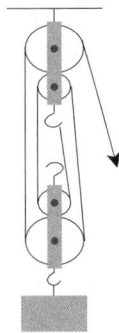

图 7 - 3

改变问题，变式 2：利用如图 7 - 3 所示的滑轮组提起一个重为 2 000N 的物体，不计摩擦，绳子的拉力 $F$ 为 600N，动滑轮自重为多少？

本题通过逆向变式，给出绳子的拉力、物重，求动滑轮自重，通过本题的练习，加深学生理解滑轮组省力的原理，理解在不计摩擦的情况下，拉力与物重及动滑轮自重之间的关系。

改变条件，变式 3：利用如图 7 - 3 所示的滑轮组提起一个重为 2 000N 的物体，动滑轮自重为 200N，滑轮组的机械效率为 80%，绳子的拉力 $F$ 等于多少？

本题没有说明不计摩擦，绳子的拉力不但要承担物体的重力及动滑轮的重力，还要克服机械摩擦。在这种情况下求拉力，要用到机械效率的公式进行求解。解题思路如下：

$$\because \eta = \frac{W_有}{W_总} \times 100\% = \frac{Gh}{Fs} \times 100\% = \frac{G}{Fn} \times 100\%$$

$$\therefore F = \frac{G}{\eta n} \times 100\%$$

代入数据可求出拉力的大小。

## 三、改变题目问题的变式

改变题目问题的变式，就是不改变题目的条件，只改变要求解的问题。这种变式训练，就是让学生利用相同条件去解决不同的问题。一道题目给出的条件，能解决的问题可能不止一个，教师应引导学生尽可能地利用题目条件求解更多的问题。教师改变要求解的问题，引导学生利用题目条件去解决问题，学生就能通过推理、分析等思维方式将已知条件与各种各样的问题建立逻辑联系。这样，学生在解题时，只要分析出题目所给的显性条件或隐含条件，就能知道利用这些条件能解决什么问题。

例：（2021 年广东省中考题第 15 - 1 题）如图 7 - 4 所示，物体 A 静止在斜面上，画出 A 所受重力 G 和支持力 $F_N$ 的示意图。

本道作图题，根据物体放在斜面的情境，可以作如下变式：画出物体对斜面压力的示意图；画出物体受到斜面的摩擦力的示意图。作出这种变式的目的，是让学生在同一个情境中，作出物体受到的重力、物体受到的摩擦力、物体受到的支持力、物体对斜面的压力，使学生理解各个力的施力物体与受力物体是什么，作用点在哪里，方向如何，以免产生混淆。

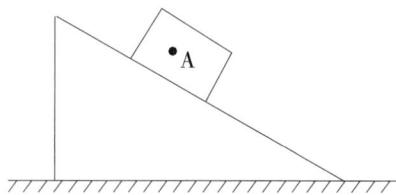

图 7 - 4

## 第三节　通过设计思维陷阱培养学生思维

在应用物理知识解题时，由于一些错误经验的影响，学生容易产生思维定势，不能做到具体问题具体分析。教师通过设计陷阱，让学生掉入陷阱，在遭遇挫折中产生心理应激反应，认识到自己的错误及产生错误的原因，在遇到相同问题或类似问题时，能选择正确的思维方式去解决问题。

在教学声音的内容时，学生学习回声测距知识后，经常乱套用回声测距公式。主要表现是在题目中出现了声音的传播速度、传播时间后，就直接套用公式 $s=vt$ 去计算，没有分析情境中声音传播的过程路径。这时教师可以设计一道有陷阱的题目，让学生进入陷阱，遇到挫折，认识自己在解题中存在的问题。

例1：小明在野外对着大山喊话，2s后听到回声，则大山离小明处的距离为多少米？打雷时，小明看见闪电后，过3s后听到雷声，则打雷处离小明的距离为多少米？（本题中声音在空气中的传播速度取340m/s）

学生常见的解题过程：小明在野外对着大山喊话，根据公式 $s=vt=340\text{m/s}\times2\text{s}=680\text{m}$，再将总路程除以2，可得到大山离小明的距离为340m；小明3s后听到雷声，根据公式 $s=vt=340\text{m/s}\times3\text{s}=1\,020\text{m}$，再将总路程除以2，可得打雷处离小明的距离为510m。

从学生的答题过程可以看出，学生已经掉入了教师设置的陷阱。将回声测距的方法用在计算打雷处离小明距离的情境中，属于张冠李戴式迁移。教师要引导学生自己发现在解题中存在的问题。学生习惯性乱套用公式的现象是较为常见的，要改变这现象，就要求学生在遇到新的情境时，习惯利用画图表示物理过程，只有理解了物理过程，才能正确选用合适的公式解题。在本题中，如果学生画出小明听到回声的示意图及小明听到雷声的示意图，就会发现这两个情境并不是相似情境，这样就能按实际情况选择合适的公式解决问题了。

例2：（根据2013年粤沪版物理九年级上册第97页习题第2题改编）一只标有"220V 60W"的白炽灯泡，假如灯丝的电阻不变，把它接入220V电路中，通过灯泡灯丝的电流多大？当实际电压只有110V时，灯泡发光的实际功率是多少？

本题先设计学生求灯泡正常发光的电流，然后改变灯泡工作的电压条件，让学生计算灯泡在实际电压下工作的实际功率。这样就设计了一个陷阱，有部分学生会用灯泡正常工作的电流去计算灯泡在110V电压下工作的实际功率。

部分学生解题思路为：

根据 $P=UI$，得 $I_{额}=\dfrac{P_{额}}{U_{额}}=60\text{W}\div220\text{V}\approx0.27\text{A}$

当实际电压只有110V时，$P_实 = U_实 I_实 = 110V \times 0.27A \approx 29.7W$

分析学生的答题情况可知，学生已经掉入了思维定势的陷阱中去了。学生将在220V电压条件下求得的电流用到实际电压为110V的电路中，反映了学生在解题时，还没有养成分析题目变化的习惯。当题目的题设条件变化后，学生要习惯分析题目中的研究对象的哪些物理量保持不变，哪些物理量发生了改变，才能做到灵活处理各种问题。在本题中，教师可以通过设问引导学生认识到自己的错误。

师问：220V电压下通过灯泡的电流为多少？

生答：0.27A。

师问：110V电压下，通过灯泡的电流还是0.27A吗？为什么？

生答：不是，因为灯泡两端电压改变了。

师问：能用110V乘以0.27A求实际功率吗？

生答：不能。

当学生认识到自己的错误后，要调整解题思路，明确当电压改变时，灯丝的电阻不变。因此，正确的做法是先求出电阻的大小，根据公式 $P = UI = \dfrac{U^2}{R}$，变形得 $R = \dfrac{U^2}{P}$，求出灯泡的电阻，再求实际功率：$P_实 = U_实 I_实 = \dfrac{U_实^2}{R_实}$。

例3：图7-5为一个滑轮组，使用时不计摩擦。（1）小明利用此滑轮组将一个重为50N的物体匀速提升3m，绳子的拉力 $F$ 为40N，滑轮组的机械效率是多少？（2）小明用此滑轮组将一个重为60N的物体匀速提升3m，滑轮组的机械效率是多少？

本题先设计一个正常求滑轮组机械效率的情境，学生先计算有用功，再计算总功，利用机械效率的公式，可顺利求出滑轮组的机械效率。然而第二问有陷阱，不少学生由于思维定势而做错。学生的解法如下：

解：（1）当用滑轮组提升重为50N的物体时，

有用功 $W_有 = Gh = 50N \times 3m = 150J$

总功 $W_总 = Fs = 40N \times 6m = 240J$

机械效率 $\eta = \dfrac{W_有}{W_总} \times 100\% = \dfrac{150J}{240J} \times 100\% = 62.5\%$

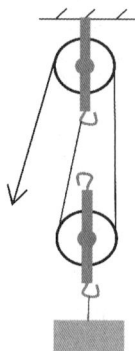

图7-5

（2） 当用滑轮组提升重为60N 物体时，

有用功 $W_有 = Gh = 60N \times 3m = 180J$

总功 $W_总 = Fs = 40N \times 6m = 240J$

机械效率 $\eta = \dfrac{W_有}{W_总} \times 100\% = \dfrac{180J}{240J} \times 100\% = 75\%$

从以上学生的解答过程可知，当用滑轮组提升50N 的物体时，求解机械效率的方法是对的。而当用滑轮组提升60N 的物体时，绳子的拉力已经不再是40N 了，需要先求出新的拉力，再计算总功。但是学生没有计算新的拉力，而是用第一问的绳子的拉力计算第二问的总功。教师可以通过师生对话，让学生认识到自己的错误，

师问：提升重为50N 物体时，绳子的拉力是40N，那么用同一滑轮组提升重为60N 的物体时，绳子的拉力还是40N 吗？

生答：不是。

师问：用滑轮组匀速提升重60N 的物体时，既然拉力不是40N，那为什么你们要用40N 的拉力计算总功？

教师引导学生正确解答：

用滑轮组提升重为50N 的物体时，

根据公式 $F = \dfrac{G_物 + G_动}{n}$，

$G_动 = nF - G_物 = 2 \times 40N - 50N = 30N$

用滑轮组提升重为60N 的物体时，

根据公式 $F_2 = \dfrac{G_{物2} + G_动}{n}$，

绳子的拉力 $F_2 = \dfrac{60N + 30N}{2} = 45N$

有用功 $W_有 = G_{物2}h = 60N \times 3m = 180J$

总功 $W_总 = F_2 s = 45N \times 6m = 270J$

机械效率 $\eta = \dfrac{W_有}{W_总} \times 100\% = \dfrac{180J}{270J} \times 100\% \approx 66.7\%$

# 第四节　通过实践活动培养学生思维

做中学是新课标提倡的教学理念。学生经过实践活动去思考、学习、理

解、运用物理知识，比单纯听教师讲物理知识更有效果，也更能激活学生的思维能力。学生常见的实践活动有物理小实验、物理小制作、物理调查研究等。

物理小实验的器材源于生活，简单易得，实验过程现象明显，能激发学生的学习兴趣。学生在进行小实验活动时，大脑的思维活动非常活跃，比如学生会思考：如何设计实验方案，选择哪些实验器材，如何操作，如何分析实验现象，如何优化实验，如何表达实验过程，等等。可见，小实验并不是简单做就行了，其伴随着学生深刻的思维过程。思维是指挥行动的，学生在实验中的行为，都是大脑思考的结果。

比如，学习声音知识时，教师给学生布置探究水能否传播声音的任务。学生小组讨论，设计实验方案。

方案一：用水槽装适量水，两只手拿小石头在水中敲，如果能听到清晰的敲击声，说明水能传播声音。

方案二：将一台手机调成来电响铃状态，并将声音调到最大，并用防水袋密封，放入水槽的水中，用另一台手机拨打该手机，如果清晰听到该手机的铃响，说明水能播声音。

方案三：在水槽中放几条小鱼，把手机放在支架上给水中的小鱼录像，人在隐蔽的地方突然拍掌。重复进行三次实验。通过录像看小鱼是否在人拍掌时有所反应。如果人三次拍掌，小鱼都有所反应，说明水能传播声音。

引导学生对所设计的方案进行评估。方案一，因为手拿石头，声音可以由手传出来，所以并不能完全证明声音由水传出来。方案二，因防水袋沉在水底，手机铃声可以由防水袋传给水槽，通过水槽传出来，并不能完全证明声音由水传出来。方案三，如果小鱼在水中没有接触到水槽壁，小鱼能听到人的拍掌声，说明水能传播声音。对于方案二，学生可以通过讨论，改进实验方案。教师引导学生思考：如何让防水袋不接触到水槽壁或水槽底？学生围绕这个问题进行讨论，可以得到解决方法：给防水袋搭配一个小球，使装有手机的防水袋与小球悬浮在水中，如果手机响铃时，能听到铃声，说明水能传播声音。

以上探究水能否传播声音的实验活动，经历了设计实验方案、评估优化实验方案、选择实验器材、进行实验操作的过程，能充分调动学生的思维活动，促进学生科学思维的发展。

物理小制作，就是学生学习物理知识后，应用物理知识制作一些与物理有关的实物作品。因为物理制作涉及跨学科知识，所以难度较大。比如，学生学习凸透镜成像知识后，即使学生理解了照相机的原理，但是要根据照相机原理制作出简易的照相机模型并不容易。因为这是从理论到实践，从原理到实物的转变。制作一个照相机模型，不但涉及凸透镜成像知识，还涉及材料选择、手工制作、工程技术等跨学科知识。照相机圆筒用什么材料做？选多大焦距的凸透镜？用什么材料作光屏？如何做到能调节光屏到凸透镜的距离？学生需要动脑筋解决这些问题，即使想到办法，要把实物制作出来，也需要下一番功夫。学生需要动手用硬纸板卷一个能安装凸透镜的圆筒，一个安装半透明膜的小圆筒，小圆筒能套进大圆筒并能前后移动。用凸透镜对着远处景物，调整半透明膜到凸透镜的距离，就能在半透明膜上看到清晰的像。

物理调查研究也是培养学生科学思维的途径。学生调查一项与物理有关的内容，首先要确定调查的目的，制订调查的方案，选用调查的方法，对调查数据进行处理，分析调查数据得出调查结论。整个过程需要学生动脑思考。比如学生学习了声音的知识后，可调查当地社会生活中噪声的来源，写出调查报告，提出减少社会噪声的方法，向环保部门提出建议。

# 第五节 通过小组合作学习培养学生思维

小组合作学习，学生之间进行交流讨论、头脑风暴，有利于学生科学思维的发展。每个学生的思维都有一定的局限性，通过小组成员间的交流讨论，可以开阔学生视野，拓展学生思维。

## 一、建设物理学习小组的意义

组建物理学习小组与进行合理评价，是物理日常教学中需要做好的一项工作。开展小组合作学习能有效促进学生的物理学习，促进学生的全面发展。

首先，小组成员与小组集体互相影响和促进。作为一个学习小组，小组成员会通过集体协商，定下小组的学习目标，比如定下小组在阶段测试的平均分目标或等级目标、学习进步目标等。小组里面个体与集体具有共同目标，都追求进步目标。个人跟集体之间是相互影响的，个体的学习态度或学习表现会影响小组总体的学习氛围，而集体的学习研讨氛围会影响个人的学习表现，小组的共同追求会影响成员的上进心。在小组评价中，教师会考虑小组集体的表现，对小组的评价会影响对小组成员的评价，因为集体由个人组成，集体荣誉属于每一个成员。每个成员都希望自己的小组优秀，因为小组优秀意味着自己优秀。这种关系促使个人与集体产生较强的相互作用，使小组成员积极主动融入集体，并积极为小组贡献力量。学生在融入集体的过程中，逐渐产生对小组的情感认同和依赖。

教师往往将各学习小组的学业成绩作为对小组工作效果评价的重要依据，其评价主要是依据小组成绩平均值的排位以及与之前对比的进步情况。一旦小组取得较好成绩，小组将得到教师的认可，小组成员能得到荣誉和奖励，从中获得参与小组合作的价值感。如在学生小组合作探究实验时，学习的效果是通过小组合作做出的实验报告来评价的，而不是以个人的表现来评价的。没有真实成功的实验报告，就无法体现小组的有效工作，个人的努力也无法得到认可。试想，一个小组在经历一节课的实验时间后，写不出一个实验报告，说明小组的工作是有问题的。只有小组得出一个完整科学的实验报告，这个小组的成员才会得到认可。

其次，个体与个体相互影响和促进。在小组里面，共同追求使各小组成员形成一个"学习共同体"。小组成员希望在小组里面获得学习资源、同学帮助，取得学习进步。小组里面，一些同学良好的学习态度、学习方法、学习习惯、思想等会对其他同学产生积极影响。小组成员的学习水平不同，知识基础不同，接受能力不同，为了实现共同目标，个体与个体会互相讨论、互相学习、互相帮助、互相鼓励，从而实现共同进步。学生间对问题的讨论，能使学生深入认识问题的本质，进行深度学习。比如，一位同学要向其他组员解释学习材料，讲解学习要点，开展同伴互教，必须先将知识内化为自己的理解，了解知识脉络，理清逻辑联系，以便更顺利地用自己的语言去表达。因此，小组合作学习中小组成员间的互教行为，有利于学生进步。物理小组合作实践的研究表明，那些物理"小导师"由于经常帮助他人，向他人解释学习材料，他们的表达能力取得了很大的进步，而且他们对知识的理解达到一个更高的高度。当一位学生向他人解释浮力产生的原因时，他会思考如何利用液体压强与深度的关系，建构水柱模型，结合压力的知识去讲解，并将个人对问题的理解融入这些知识的讲解中。可见，他们不但要融合知识，而且要结合个人理解，还要思考如何讲解才能让对方接受。所有这些过程，都会使学生的思维能力得到较大提升。

从学生认知的角度看，小组合作学习有利于学生建构知识。苏联心理学家维果茨基认为，"儿童实际的智力年龄与他在帮助的情况下解决问题所达到的水平之间的差异揭示了他的最近发展区"[10]。学生的最近发展区就是学生开展合作学习最有效的区域。学生的任何学习，都不是在空白处画图，而是以之前在头脑中的认知为基础的，是在以前的经验基础上建构新东西。前概念不同，知识背景不同，对事物的认知方式不同，导致学生建构知识所需提供的支持可能不同。学生各自的学习视野和资源，会对其他同学产生启发或思考。学生的前概念有时会对新知识的建构产生积极影响，有时可能会对新知识的建构产生干扰，小组中同伴间的相互作用，对问题的讨论和争辩以及认知上的冲突等，能使学生在新知识的建构中排除认识上的误区，顺利建构新的知识。比如初中物理学习中，很多学生在头脑中存在着一种观念，认为物体要力去推动，不推就不动，物体的运动要力来维持。这种观念对学习牛顿第一定律产生较大干扰，事实上，物体的运动不需要力来维持。学生在学习中如果能小组合作、积极讨论，就能去除"物体运动需要力"的错误观念，建立"物体运动不需要力来维持"的正确观念。

在学生的最近发展区内，基于现有知识基础及学习能力的制约，靠个人努力，难以取得较大发展。一些知识内容对学生来说，已经超出了靠个人能理解的认知范围。如果学生能得到一定的外部支持、帮助、刺激、引导，就能跨越思维障碍，顺利建构新的知识，获得学习上更大的发展。小组合作可以提供这些学习支持。小组成员之间会交流经验、提供资料、发表观点、提供帮助，这些都会促使学生获得认知发展的支持，建构新知识和对物理的理解。在小组合作学习中，小组内的成员学会后，要主动争当小教师教同伴；在遇到困难时，要主动问同学；在遇到困惑时，要主动提出来讨论，充分发挥学习小组的功能和作用，促进成员共同发展。

建设物理学习小组有利于课堂教学管理。一个班几十个人，分为若干个小组，由组长组织组员学习、管理小组、布置任务，由小组里面成绩较好的同学为其他成员提供学习支持，使教学组织更为严密。物理学习需要一定的生活经验，小组成员有不同的生活经历，能互相交流生活中的经验，为小组成员更好地建立概念知识提供支持。在物理学习中，探究实验需要的时间较长，往往需要几个人团结合作才能顺利完成，得到科学实验结论。比如，探究晶体熔化特点的实验，需要组装器材，而且要搅拌海波，每隔一定时间记录一次温度，还要有人看护器材，以防器材倒塌，需小组成员配合好，才能顺利完成实验。物理小组在学习中互教互助，教别人的同学可以加深对知识的理解，被教的同学可以较快掌握知识，有效提高学习效果，实现共同进步。

## 二、物理学习小组的组建

1. 组建适合物理学习特点的学习小组

物理学习小组有鲜明的物理学习特点。物理学习是学生研究物理现象、建构物理概念、探究物理规律、学习物理方法的过程。学生的物理学习需要从生活中的常见现象入手，从感性认识走向理性认识，从而认识现象背后的物理本质和思维，从生活走向物理。每个人对物理现象的认知不一，感受不一，组建物理学习小组务必要适合这一特点，能让不同生活经验的学生互相交流讨论，丰富感性认识，通过对现象的分析、讨论，在头脑中建构物理概念。学生自主探究物理规律需要设计实验与进行实验，并记录与收集证据，对数据进行分析论证，得出结论。物理学习特点重在交流、讨论、实验、分析、论证，针对物理学习的这一个特点，务必在组建物理学习小组时，考虑学生的思考能力、表达能力、动手能力，使能力不同的学生合理搭配。

物理学习小组根据班级的实际情况分组。分组方式有多种，一是通过游戏活动使一些学生结缘产生小组。这种分组方式有利于成员与成员间的相互认同，建立成员及成员间的联系纽带，使成员对小组产生依赖感。通过活动组建的小组较能满足学生的心理认同，更有凝聚力。如，开展抢凳子比赛，假如一个班有 50 个同学的话，准备 44 张凳子，游戏时，会有 6 个同学抢不到凳子，这 6 个同学就为一组。接着再减少 6 张凳子继续游戏，抢不到凳子的同学再分为一组，分完为止。二是按列分组。目前班级学生座位相对固定，按教室座位的列分组，每列的同学就是一个小组，这种分组简单易行，而且学生座位相邻，便于交流。由于一列学生大概有 7 人，为了便于管理，可再将每列分为两个讨论组。三是教师指定分组。教师通过对学生的情况进行分析，按成绩好、中、差搭配。四是学生自由分组。实践表明，如果学生自由组合，有些学生会选平常玩得好的同学作为一组，这种分组方式较难管理。

2. 物理学习小组成员的分工及职责

物理学习小组分好后，要让每个小组推选一名组长和副组长。组长要成绩好，责任心强，乐于助人，有影响力。组长要根据学习的内容对每个组员进行分工，明确职责。对于不同的学习活动，小组分工是不同的。要让学生在不同的活动中尝试不同的分工，承担不同的工作，使他们经历各种不同的职责，锻炼各种能力。

（1）物理实验课的小组成员分工。每个组选好一位成绩好、协调能力强的同学作为组长，并给每位组员编号。组长负责安排各位组员的工作，并负责实验过程的安全，看护实验仪器，及时处理突发情况。实验课中小组成员的分工是以具体的实验内容和任务来确定的，比如操作、计时、读数、记录、发言等。虽然每个小组成员都有具体工作，但不意味着这些小组成员可以不去了解其他工作。每个成员都要对各项工作了如指掌，这样才能理解整个实验过程。比如计时的同学虽然没有参与实验操作，但是他必须知道实验操作过程及注意事项。

（2）试卷讲评课的小组成员分工。试卷讲评课中，学生主要通过小组合作的形式，解决自己在试卷中出现的错误问题。这时要根据学生情况进行分工，比如一些同学负责在小组内讲评选择、填空、作图题；一些同学负责在小组内讲评实验题；一些同学负责在小组内讲评计算题；一些同学负责在小组内讲评综合能力题。这些分工，在下一次试卷讲评时，重新调换，让每个组员都能讲评到不同题型的题目。组内讲题既促进讲解者对试题的再理解，也促进听讲者理解解题过程和方法。

（3）习题课的小组成员分工。习题课中，教师都是先示范例题，然后再出题给学生练习，学生模仿例题答题，进行变式练习，最后形成能力。在习题课中，先是学生独立思考，如果学生独立思考解决不了问题，才进行小组合作，在组内寻求帮助。在习题教学的分工中，一些同学负责为学习有困难的组员分析题目，解释题目意思，讲解解题思路；一些同学负责检查批改，核对答案；一些同学负责总结解题经验。

（4）概念课的小组成员分工。物理概念课主要是让学生经历物理概念的形成过程。小组成员都要收集生活事例，都要对事物进行抽象，阐述对概念的理解。概念教学需要经历建立概念、理解概念、应用概念的过程。在分工方面，需要一些同学主持小组研讨，一些同学提炼要研讨的主题，一些同学记录研讨的要点，安排同学总结研讨的结论。比如，学习热值的概念时，需要一名同学提炼本节课的研讨主题，即相同质量的不同种类的燃料完全燃烧放出的热量是否相同？如果不同，物理学如何表示这种不同的性质？需要一名同学来主持研讨，确保研讨过程不偏离主题，需要一名同学记录大家的观点，一名同学作最后总结，得出研讨的结论。

## 三、物理学习小组的建设与管理

物理学习小组组建好后，需要建设与管理好学习小组才能保持每个小组的凝聚力与活力。小组的建设与管理使学生对自己所在的小组产生认同感，使小组成员之间平等相待，和谐相处，互相尊重和欣赏，主动交流与合作，遵守合作行为规范，将个人目标与小组目标相结合，形成共同进步的良好氛围。

1. 物理学习小组组长的培养与指导

培养组长是实施小组合作学习的关键。组长的人选由组员推荐，教师选定。每个小组配两个组长，一正一副。组长除了承担小组学习的组织管理外，还要承担助学角色，因此组长也叫助学长。组长的培养主要在三个方面，一是培养责任心；二是培养小组管理能力；三是培养讲解能力。

(1) 选择合适的组长。

选择组长，责任心是最重要的。组长首先应该对自己的小组有强烈的责任感，努力把小组建设好。其次要有较好的成绩，表达能力好，乐于分享和帮助他人。同时要帮助组员学习，能够解释学习材料，能把解题思路向同学讲清楚。最后还要懂得尊重他人，能虚心倾听他人的发言，会对组员进行合理分工，能组织好同学的学习。

(2) 制定组长职责清单。

培养组长，要让组长明确自己的职责，并按职责要求去工作。对于物理学科来说，组长的职责有：做小组的标杆，起模范带头作用；组织课前默写物理公式，并批改；检查笔记、作业、试卷等学习材料；组织探究学习；对各个组员进行工作分工；评价各位组员；帮助他人学习。

(3) 对组长的培养和指导。

首先，是思想教育。教师通过讲道理摆事实，让学生认识到，作为组长是一份荣耀，与同学分享学习是一件快乐的事。组长要有团结精神、合作精神、助人精神，不计较个人得失。当组长在组织学习、帮助他人时，自己的综合素质也得到了提升。因此做组长，对自己是一种锻炼和付出，也是一份收获，自己进步了，同学也进步了，是一件快乐的事情。小组学习中，组长会组织同学针对一些问题进行探讨，会安排不同的同学进行不同的任务，还要协调好组员间的学习互助，帮助后进的同学，总结合作学习的成果等，组长的组织能力、协调能力、交流能力、表达能力、思维能力也就提高了。

其次，对组长先教先检。"先教"就是教师先了解组长的学习情况，教会组长操作、理解、思考、表述，使组长成为"小教师"，再让他们去教其他同学。"先检"就是在学习检查中，先检查组长的学习情况，比如检查组长的作业和公式的默写等。通过检查，督促组长进步，然后再指导组长检查组员的学习情况，并给予评价。比如，要求学生默写出浮力公式。教师先检查组长的默写，组长能默写出来后，再要求组长检查其他同学的默写情况。对于默写不出公式的组员，组长要了解原因，给予帮助。对于学生的课堂练习，组长既要检查做题情况，更要检查是否更正，并做好登记。先教先检，强化了组长的责任，也促进了组长的学习，效果明显。

再次，指导组长组织合作学习工作。合作前，组长要善于组织同学们学习，分工要考虑组员的特点，分工要详细，做到人人有事做，事事有人做；明确任务，定好目标。合作时，组长要组织好每位组员各司其职，同心协力，在组织讨论时，要提醒组员在别人说话时认真倾听，如果有不同意见，要等别人表达完再提出，不可打断别人说话；要讨论真问题，不要走形式，做样子；协调组员统一意见，得到代表小组的结论或观点。合作后，组长要对每位组员的合作表现进行评价，总结经验教训，对合作中出现的问题，在下一次活动中改正。

从次，召开组长会议，交流组长经验。每一个小组都是充满活力的小组，每个组长在小组建设与管理、学习组织方面都有自己的做法。召开组长会议，让组长交流经验，可以让组长在比较中认识到自己工作的优势与不足，吸取别人的好经验，改正自己做得不足的地方。在会上讨论一些小组合作存在的问题，共同交流解决办法，特别是针对一些同学不参与讨论、不交流真实想法的情况，组长要想办法引导大家敞开心扉。

最后，适当对组长进行轮换。在小组合作学习中，让一些上进、认真的同学轮流做组长，激发大家的上进心。比如一学期或半学期轮换一次。

2．物理学习小组的文化建设

物理学习小组的文化建设要体现物理学科的特点。首先，每个小组都要营造积极向上的学习氛围、团结互信的合作氛围、互相关怀的人文氛围、相互学习的研讨氛围。其次，每个小组都要通过文化的建设，营造积极的舆论，使自己的小组与众不同，具有自己的特色，使每位小组成员对自己的小组有较强的认同和归属感。建设小组的认同文化，是小组文化建设的核心。只有组员对小组有认同感，才会融入小组学习，才会与小组共同进步，才会关心小组，为小组的目标努力。

（1）为小组起具有物理特色的组名。物理现象、规律、概念等都可以作为小组的名字，这些内容不但具有物理的含义，也具有一定的文化意义。比如，一些学生给自己的小组起名"凸透镜"，其原因是凸透镜有会聚作用，寓意小组成员凝聚在一起。

（2）编好小组的口号。小组集体编写的口号体现全组同学的精神力量，具有较强的鼓动性和凝聚力。集体表达口号可以提升小组的战斗力。

（3）开展小组活动。开展小组活动可以提升组员对小组的认同感，增强凝聚力。首先，开展小制作活动，如科技实践活动或一些小组间比赛等，能够调动小组成员的积极性，体现团队的力量，增强小组的荣誉感。比如学习温度知识时，可以开展小组自制温度计比赛。各小组分工合作，准备小药瓶、小吸管、502胶水等材料，然后一起制作，再讨论、试验、改进，将温度计做得很精致，还标有刻度。将一些优秀作品展示出来，增强学生的荣誉感。教学光学时，教师可以让学生分组做小孔成像仪、自制照相机、自制望远镜。教学物质内容时，教师可以让学生自制密度计，等等。其次，开展物理学史演讲、物理猜谜等活动。如每个小组做一次关于物理学史的故事演讲，讲牛顿的故事、法拉第的故事等，通过科学家的故事影响人，通过演讲增强小组的凝聚力；进行一些物理猜谜游戏，比如近在咫尺（打一物理名词）、孙悟空取经路上打头阵（打一物理名词）等。

3. 物理学习小组的行为规范

（1）制定小组合作行为规范。

无规矩不成方圆。在小组合作学习时，小组纪律非常重要。良好的纪律和行为规范是进行小组合作学习的前提。如果一些同学在进行小组合作学习时，讲闲话、开小差、违反纪律，小组合作学习就得不到想要的效果。因此，一个小的学习群体，务必让大家都形成一种共识，就是要有一个共同遵守的行为规范。一个明确的规范能规定学生在进行小组合作学习时应该做什么，不能做什么。在进行小组合作学习时，要求学生做到尊重他人，认真倾听他人发言，合理表达个人观点，对不同观点求同存异，平和理性地讨论，发言简要清晰；严禁学生离开座位、闲谈、哗众取宠、制造混乱、争吵等。在开展小组合作学习前，教师要让每个同学学习有关的行为规范，要求学生承诺遵守合作学习行为规范，养成习惯，使合作有序高效进行。

（2）培养学生良好的合作学习习惯。

利用小组合作学习行为规范去约束和引导学生的行为，将学生的行为表现作为评价的一个依据。合作前要让组长熟记有关行为规范的内容，当组员出现与小组合作学习行为规范不一致的言行时，组长能善意地提醒。各位组员也要熟记小组合作学习行为规范的有关内容，时刻要求自己遵守。每当合作结束后，每位小组成员都要反思，自己的合作是否遵守了有关规范的内容。教师对各小组进行点评，强化学生遵守小组合作学习行为规范。经过长时间的提醒与强化，以及学生自己的反思，学生慢慢养成自觉遵守小组合作学习行为规范的习惯，提高合作学习的效果。

### 4. 物理学习小组的日常管理

首先要依据合作规范训练学生，使学生养成合作的良好习惯。对不遵守合作规范的小组给予提醒，并找组长谈话。在训练学生时，最好的方法是对各小组的表现进行评价。表扬并肯定一些小组，强调表扬这些小组的理由，用这些理由强化学生的认知与行为，如某小组的同学在别人发言时，能注视对方，认真倾听，没有一句闲话。这些表扬表明教师对这个小组行为的认可，教师希望这个小组的这些良好行为成为大家的榜样。

其次是指导组长的学习与工作。对组长来说，他们要组织同学们学习，要向同学们提供帮助，这需要教师在日常教学中训练他们的自学能力，要求他们在学新课前要自学，并问教师；训练他们的表达能力，要求他们向教师阐述一些问题；训练他们的组织与协调能力，布置一些小组任务，让他们课后完成，比如让各小组命制一份练习题，等等。

## 四、物理课堂合作学习的开展

物理课分为多种课型，如概念课、习题课、试卷讲评课、实验探究课、复习课等。各种不同课型有不同的小组合作学习方式，需要提供的学习材料也不同。

### 1. 概念课的小组合作学习

小组合作有利于学生建构一个新概念。课前，教师安排学生以小组为单位收集与要教学的概念有关的资料，使学生在收集资料的过程中，建构对概念的感性认识。在课堂中，组织各学习小组展示收集到的内容，交流对事物的初步认识，使学生从不同角度观察事物的有关现象；引导学生对事物进行抽象，小组成员交流自己的想法，共同讨论事物的共同特征；引导学生提取反映事物本质的特征，形成物理概念；教师提出一些与理解概念有关的问题，使学生经过思考和讨论后能深刻地理解概念的内涵和外延。另外，在应用概念环节，如果小组成员遇到困难，应及时寻求组内同学的帮助，以提高应用概念解决问题的能力。

例：建构磁场的概念。

学生活动：利用大磁体吸引小磁针。

学生交流：在实验中观察到的现象、实验体验或产生的疑问。

教师提问：为什么大磁体与小磁针不直接接触就相互吸引，吸在一起？

学生讨论教师提出的问题，通过小组间的讨论，抽象出磁体周围存在着一种使小磁针与大磁体产生相互作用的物质，建立磁场的概念。

教师提问：小铁钉不是小磁体，为什么放在磁体周围的磁场中，磁体与小铁钉也能相互吸引？

各小组讨论教师提出的问题，查阅有关资料，总结出答案：小铁钉放在磁场中，在磁场的作用下，会有磁性，小铁钉变成了小磁体。

以上只是小组合作建构概念的一个片段，真正的概念教学还涉及概念的理解和应用。图7－6为小组合作建构概念的过程图。

```
┌────────────┐   合作交流    ┌────────────┐   合作交流    ┌────────────┐
│  生活现象   │ ──────────▶ │    概念     │ ──────────▶ │  生活问题   │
└────────────┘    抽象       └────────────┘    抽象       └────────────┘
```

**图7－6**

2. 习题课的小组合作学习

习题课主要是应用物理知识与规律解决实际问题，对此学生往往觉得找不到突破口。因此教师首先要举一些典型的例子，引导学生一步一步地解决问题。学生理解例题后，再出一些类似题给学生，使学生通过模仿做题。当学生模仿得较熟练后，再进行变式练习，培养能力。习题课的小组合作学习需要以各种题型资源作为学习材料，其合作形式和过程如图7－7所示。

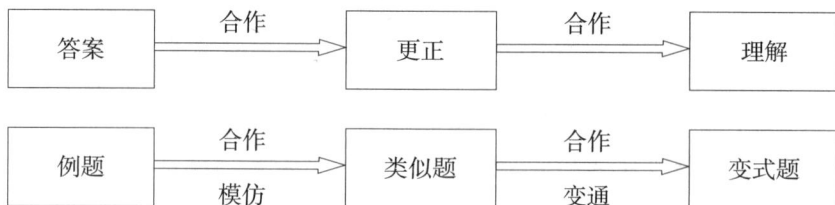

```
┌────────────┐   合作    ┌────────────┐   合作    ┌────────────┐
│    答案     │ ───────▶ │    更正     │ ───────▶ │    理解     │
└────────────┘          └────────────┘          └────────────┘

┌────────────┐   合作    ┌────────────┐   合作    ┌────────────┐
│    例题     │ ───────▶ │   类似题    │ ───────▶ │   变式题    │
└────────────┘   模仿     └────────────┘   变通     └────────────┘
```

**图7－7**

在习题课中，教师主要任务就是精讲例题，然后把时间交给各个小组自主学习，让学生通过模仿学会做类似题，通过变通做变式题，最后核对答案，不会做的同学要寻求帮助。最后教师通过检测来检查学生的学习效果。

3．试卷讲评课的小组合作学习

为了解如何讲评试卷较为有效，笔者做了一个调查：了解学生喜欢怎样的试卷讲评课，结果如表7－1所示。

表7－1　关于"你喜欢试卷讲评课的模式"调查

| 调查对象：九年级学生 | | 调查范围：44人 |
|---|---|---|
| 选项 | 选择人数 | 约占总人数比例/% |
| A．将所有习题从头到尾讲清楚 | 9 | 20 |
| B．完全由自己和小组成员一起讨论解决 | 1 | 2 |
| C．教师先讲解一些难题，其余的由小组讨论解决 | 32 | 73 |
| D．教师挑一些题目精讲，不需要小组讨论解决 | 2 | 5 |

关于教师先讲再由小组讨论的试卷评讲模式的效果，调查结果显示如表7－2所示。

表7－2　关于"教师先将一些难题讲解，其余的由小组讨论解决"的调查

| 调查对象：九年级学生 | | 调查范围：44人 |
|---|---|---|
| 选项 | 选择人数 | 约占总人数比例/% |
| A．能帮我解决全部问题 | 15 | 34 |
| B．能帮我解决大部分问题 | 24 | 55 |
| C．能帮我解决小部分问题 | 4 | 9 |
| D．一点效果都没有 | 1 | 2 |

由调查结果可知，对于试卷讲评，多数学生喜欢教师先讲，然后小组讨论的课堂模式，而且大部分学生认为效果明显，能解决全部问题或解决大部分问题。

讲评试卷前，教师首先要研究学生错得较多的题目、较难的题目。针对学生错得较多的题目，找出原因，对症下药，讲解清楚。其次要准备好一份答案。把答案发给每个小组，让学生自主更正，然后小组讨论，互帮互助。最后让组长检查各位同学的掌握情况并进行评价，并让每个组员填写一份考试总结评价表（评价表见表7－3），促使每位同学自我反思。

表7-3　物理学习小组考试总结评价表

| 考试名称： | | 姓名： | | 填表时间： | |
|---|---|---|---|---|---|
| 题型 | 本次检测你做错的题目有哪些？请将题号记录下来 | 本次检测反映出你有哪些知识还不懂？你将如何把不懂的知识弄懂？ | 问题解决情况 | 组长评价 | 教师评价 |
| 填空 | | | | | |
| 选择 | | | | | |
| 作图 | | | | | |
| 实验 | | | | | |
| 计算 | | | | | |
| 综合能力题 | | | | | |

4. 实验探究课的小组合作学习

实验探究课是最适合开展小组合作学习的。课前要求学生了解要探究的问题，收集有关资料，提出合理猜想。学生在前期的资料查阅与收集显得非常重要。为了提高收集资料的针对性，教师要布置有关问题给各个学习小组课前探讨。比如探究压力的作用效果与哪些因素有关，要在课前布置学生查阅资料，弄清这些问题：什么是压力的作用效果？压力的作用效果如何体现？猜想影响压力的作用效果的因素及猜想的依据？采用什么研究方式探究猜想是否正确？学生通过小组合作在课前交流这些问题，从而对要学习的内容有大概的了解，这是小组合作学习的优势。在教学中，学生对课前的问题再交流与讨论，理解一些核心概念，厘清研究的思路与方法，设计出实验的方案，分工合作进行动手操作，得到实验现象或实验数据，经过推理、论证等思维活动得到结论。最后小组成员对实验过程进行评估，总结存在的问题及提出改进的方向。

5. 复习课的小组合作学习

在复习课中开展小组合作学习是很有效果的。复习课要进行两项工作：一是形成知识结构，二是迁移应用知识。其实施方式是，各小组通过讨论、合作，将要复习的内容绘制成思维导图。各小组成员交流各自的思维导图，并不断改进。各小组展示自己的思维导图，并讲解。学生通过合作绘制、解释思维导图的过程，重构知识内容，加深对知识的理解，达到良好的复习效果。在此基础上，教师精心挑选练习题及作业题，使学生在做练习的时候，学会从思维导图中选择知识解决问题。复习课的小组合作学习课堂结构如图 7-8 所示。

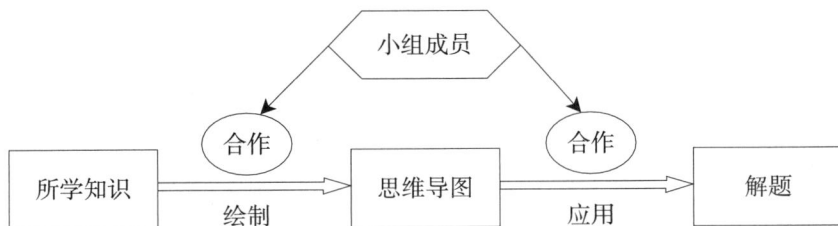

图 7-8

## 五、物理学习小组的评价

### 1. 评价的内容

物理学习小组的评价，主要是促进小组工作，促进组员间的合作，促进学生学业成绩的提高，促进学生合作水平的提高。评价的内容主要有两个方面：一是小组及个人工作的表现；二是小组及个人的学业成绩。之所以将工作表现与学业成绩分开评价，是因为工作表现与学业成绩虽然有联系但是有区别。对工作表现的评价主要是对小组或个人的团队精神、合作态度、合作技能、合作效果的总体评价。

### 2. 基于合作表现的评价

小组或个人的表现较难通过数量分化出来，因此教师很难用数字去衡量一个小组的团队合作精神、合作态度、合作技能与合作效果。教师可以看到、感受到一个团队的表现优劣，也清楚一个小组哪些方面做得较好，比如一些小组实验操作配合默契，但是这些无法用分数来衡量。比如小组的工作是较难用分数来衡量的，但可以通过描述性语言来评价（如自评、互评、师评），并划分等级（评价表见表 7-4）。小组工作的评价是较难实行量化评价的，确实要将小组工作量化，那将是一项繁杂的工作，而且未必全面和准确。比如一个学生在合作中是否投入、工作是否努力，无法用分数来衡量。

表7-4　物理学习小组评价表

| 序号 | 小组名称 | 合作态度 | 合作技能 | 合作效果 | 总体表现 | 事实陈述 |
|------|----------|----------|----------|----------|----------|----------|
| 1 |  |  |  |  |  |  |
| 2 |  |  |  |  |  |  |
| 3 |  |  |  |  |  |  |
| 4 |  |  |  |  |  |  |
| 5 |  |  |  |  |  |  |
| 6 |  |  |  |  |  |  |

填表说明：合作态度、合作技能、合作效果、总体表现项目的评价用 A、B、C、D 四个等级呈现。事实陈述处，填写作出评价的依据、理由和有关事实。

对个人而言，个人在小组中的表现，包括是否服从分工，合作的态度是否端正，合作是否默契，是否乐于助人，是否虚心接受帮助，等等。学生的合作表现无法用分数来衡量。尽管教师和同学对组员会有评价，但这些评价只是心理上的一种感受。

3. 基于学习成绩评价

测验是将小组合作学习成果通过数据显示出来的评价方式。物理学习小组评价的方式可以采用相对评价。相对评价就是将某个小组的成绩与其他小组或本小组过去的成绩对比，通过比较可知其进步大小情况。相对评价建立在对比的基础上，其意义就是可以检查小组工作的有效性，能让学生知道自己是否在进步，是评价小组合作效果的一个重要的依据。相对评价因要小组间对比，对小组而言具有一定的竞争性，但良性竞争可以促进学习。

相对评价的实施：相对评价就是在学习完一个知识单元时，对学生进行一次检查知识掌握情况的测验，通过对测验数据的分析，了解学生的小组合作水平，并对小组合作水平较高的小组给予肯定，使小组得到认可。这种比较有两种形式，跟过去的自己比，也跟别的小组比。前者比的是进步情况，后者比的是谁进步大。

将各次测验或统考的小组平均分及班级平均分罗列出来，计算出每次测验的小组平均分与班级平均分的差值（以下简称均分差），通过均分差的变化反映小组学习进步情况。比如某小组第 1 次测验的小组均分差是 5 分；第 2 次测验的小组均分差是 4 分；第 3 次测验的小组均分差是 2 分；第 4 次测验的小组均分差是 0.5 分。这些数据说明，小组的平均分虽然超过班级平均分，但是总体在退步,值得小组全体成员反思,并采取改进措施。评价表如表7-5所示。

表7-5 相对评价表

| 序号 | 小组名称 | 测试1均分差 | 测试2均分差 | 测试3均分差 | 均分差变化趋势图像 | 小组进步情况描述 | 备注 |
|------|---------|------------|------------|------------|-----------------|----------------|------|
| 1 | | | | | | | |
| 2 | | | | | | | |
| 3 | | | | | | | |
| 4 | | | | | | | |
| 5 | | | | | | | |
| 6 | | | | | | | |

达标评价:达标评价是指教师与每个小组讨论,定一个学习成绩目标,只要小组达到目标,就能得到认可。因此,达标评价相对于相对评价而言,更有利于学生身心健康。达标评价需要教师深入研究学生的学情及学习能力,对学生学习水平作出合理判断,从而定出合理的标准。然而,要科学地制定各个学习小组的学习成绩标准是较为困难的。当学生达到了教师给定的学习成绩标准时,学生就会获得成就感。

达标评价的实施:达标评价就是根据每个小组的实际情况,评估他们能达到的水平,与每个小组一起讨论,共同定一个成绩目标。能达到目标的,则小组将得到认可和奖励。达标评价的难点是如何制定一个合理的标准,这个标准需要符合学生的学习水平及他们经过合作学习后能达到的水平。有了标准后,小组的主要精力就是使每个小组成员弄懂学习材料,而不用去考虑其他组的情况。只要自己的小组能够达标,就是成功的。达标评价的最大好处就是给学生制定了一个学习成绩标准,引导学生为达到这个标准而努力,不与其他小组竞争。表7-6为三次测试的达标评价的评价表,次数更多时可以增加列数。

表7-6 达标评价表

| 序号 | 小组名称 | 测试1 | | 测试2 | | 测试3 | | 小组平均分及目标分的变化图像 | 小组学习表现评价 |
|---|---|---|---|---|---|---|---|---|---|
| | | 平均分 | 目标分 | 平均分 | 目标分 | 平均分 | 目标分 | | |
| 1 | | | | | | | | | |
| 2 | | | | | | | | | |
| 3 | | | | | | | | | |
| 4 | | | | | | | | | |
| 5 | | | | | | | | | |
| 6 | | | | | | | | | |
| 7 | | | | | | | | | |

## 六、物理学习小组的激励

激励学习小组，就要让每个小组都有机会得到认可。适当的激励，应当让每个小组经过努力都能获得，这样小组活动就会比较活跃，比如，奖励优秀的小组；公布小组的优秀事迹；向家长汇报喜讯；让优秀小组介绍经验；奖励优秀组长，等等。物理学习小组的建设与评价是一项复杂的工作，把小组建设好，要有效发挥评价的诊断、激励、导向功能，需要在实践中不断尝试和总结，使建设与评价的方案更加符合实际，更能取得实效。

## 七、开展小组合作学习对学生科学思维的积极影响

学生独立学习，是基于自身的知识经验及学习材料去建构新概念或用已有知识解决问题，学生的学习具有相对封闭性。独立学习的局限性在于难以获得他人对同一事物的不同看法、不同的想法及不同的实践。过于强调个体学习的同学不会主动与他人交流学习过程，不会主动与他人讨论对事物的看法，不会主动与他人讨论解决问题的思路和方法；在遇到困难时，不会主动寻求同学帮助。这样，学生的视野及思维就不够开阔，难以吸取他人优秀的思想方法、较好的解题思路、对问题不同角度的理解。

小组合作学习与学生独立学习并不是矛盾的。小组合作学习过程有利于学

生独立学习，而学生独立学习有利于小组合作学习。学生将合作学习与独立学习有机结合，才会取得更好的学习效果。当学生独立学习难以解决的问题，就要进行集体讨论，大家交流自己的解决思路或提出自己的猜想，最后提炼出解决问题的方法。只有大家交流想法，学生才会知道自己的想法与他人的想法的差异在哪里，为什么会有这种差异，到底谁的想法更科学。

小组合作学习能有效促进学生科学思维的发展。物理模型是事物核心本质特征的反映，建构物理模型需要对事物充分观察和研究，找到事物的核心特征，通过表示这种特征而建立。比如磁感线模型比较抽象，通过小组合作，利用实验室仪器直观地观察磁体周围空间的小磁针的排列及分布情况，思考小磁针的排列规律。教师引导学生在观察实验现象的基础上进行小组讨论，讨论为什么小磁针会这样分布，小磁针的分布说明了什么，如何表示小磁针的分布情况等问题。学生通过讨论，真正理解磁感线模型的意义。小组的讨论、建模思想的交流、小组成员间互相吸取优秀思想和建模方法，能提高学生自身建模思维的发展。

科学推理是在现有的知识基础上，基于逻辑关系，推理出新的认知的过程。小组合作学习过程中，学生会经历一些推理过程，小组成员间会讨论推理的方法是否科学。比如，演示光在不均匀介质中发生弯曲时，教师在一个长方体水槽中装适量水，让一束激光在清水中平行于水槽底部沿直线传播，用漏斗从水面向水槽底部注入浓盐水，学生观察到原来平行于水槽底部的激光发生了弯曲。教师引导学生小组讨论问题：从实验现象可以推理出什么新的认知？基于什么证据进行推理？学生交流推理过程。小组合作对提高学生的推理能力有积极的影响。

科学论证是小组合作学习经常进行的思维活动，小组成员针对某一问题进行探讨时，会通过列举证据或举例，证明自己观点的正确性。也有些同学通过反证法证明他人观点的错误或自己观点的正确。比如，在学习大气压知识时，教师演示"覆杯实验"，引导学生讨论：装满水的水杯盖上硬纸片后，倒置过来，纸片不掉下来是什么原因？学生会有两种看法：一种看法认为，纸片不掉下来是因为大气压的作用。另一种看法认为，纸片不掉下来是因为水分子对纸片有引力。学生需要论证自己观点的正确性。这样的小组合作学习能培养学生的科学论证能力。

在小组合作学习中，学生表达对事物看法的时候，往往有持不同意见的学生，会对他人的观点提出疑问，这样就培养了学生质疑的精神。学生基于小组讨论，吸取别人好的论证方法、好的思想观点，有利于培养其创新能力。

# 第八章　教有感情的物理

物理是一门科学，科学要具有人文气息，才能真正造福人类。学生不但要学科学、爱科学、用科学，还要懂得尊重他人，关心他人的生存和发展，有关心人类命运的意识和素养。初中物理思维型课堂不能只有学科知识教学或物理思维方法教育，还应该渗透人文素养、科学态度与责任、家国情怀，才能真正实现学科育人的根本要求。科学教育不能仅仅局限在物理知识、科学思维本身，还应该培养学生良好的情感、态度和价值观，使学生形成良好的品格。

什么是物理？义务教育物理课程标准是这样表述的——"物理学是自然科学领域研究物质的基本结构、相互作用和运动规律的一门基础学科"（课标第1页）。义务教育物理课程内容由"物质""运动和相互作用""能量""实验探究""跨学科实践"五个一级主题构成（课标第7页）。每个一级主题下面都有若干个二级主题，这些都是要求初中学生学习的内容。

教师教有感情的物理是指在物理教学中，注入与人有关的感情，通过物理学习，建立人与人的感情、人与物理的感情、人与自然和社会的感情、人与国家的感情等。教师创设联系生活、联系社会、联系科技、联系传统文化的学习情境，使学生在有感情的环境中建构物理知识。这样学生不但有理性的思考、科学的推理，而且能产生人与物理的感情链接。传统课堂往往忽视培养学生对物理、对他人、对社会、对国家的感情，纯粹地讲解物理知识和进行强化训练。这种做法，偏离了物理教育立德树人的方向。当教师对物理教学倾注了感情，物理学科就有了情感，教师应充分挖掘物理学科的育人资源，发挥物理学科的育人功能。

## 第一节　培养人与人之间的感情

物理教育的目的是育人。在物理课堂中，教师对学生产生影响，学生与学生之间也会产生影响。建立一个师生、生生之间积极互动的课堂，能有效链接师生与生生之间积极的学习情感，这种共进的学习情感，能有效提高学生的学习质量及塑造学生的良好品格。引导学生建立互相尊重、互相帮助、团结友爱的人际关系，懂得尊重他人的生命、人格，关心他人的生存、发展等，产生对他人的人文关怀，增进互爱的情感，实现人与人和谐发展。充满竞争的学习环境，或同学之间漠不关心的学习环境，或同学之间存在歧视的环境，会影响学生的身心健康。强调物理教学要培养师生、生生之间，或学生与他人之间互爱的感情，就要排除人与人之间的封闭、冷漠、歧视。培养学生与他人之间互助、互爱、互尊、互信、包容、开放的情感，会让每一位学生犹如阳光一样光明、灿烂。

## 一、培养良好的师生感情

物理教师理应以物理为纽带，建立良好的师生感情。教师要关心学生，用发展的眼光看待学生，用欣赏的心态面对学生。在教学中，教师要用心研究教法、学法，引导学生自主探究物理知识，用心指导学生，让学生感受到被认可及被关注。当教师为学生倾注真心，学生就会对老师产生信赖感，就会信任教师，尊敬教师，接受教师的教育。良好的师生感情，是学生学好物理的一种强大的力量。学生会把对教师的热爱转化为对物理的热爱，用心学习物理。

（1）做到平等和友善。一部分教师在学生面前高高在上，与学生保持距离感，为此学生敬而远之。学生与教师缺少真诚的交流，甚至一些学生在学习上有问题也不敢问教师，跟教师在一起有压力，不敢自信地与教师相处。教师应该平等友善地对待学生，倾听学生心声，与学生打成一片，成为学生的良师益友。

（2）做到尊重和欣赏。一些学生不想与教师相处，因为害怕得不到教师的尊重，怕教师看不起自己、不认可自己。教师应尊重每一位学生，用放大镜去看学生的优点，真诚地欣赏学生，让学生在自己面前显得坦然和自信。教师不可以忽视学生的感受，不能让学生有被轻视的感觉，这是要特别注意的。尊重是师生交往的基础，没有尊重，就没有建立良好师生感情的基础，相反还会导致师生关系紧张。

（3）做到信任与鼓励。一些教师总是抱怨学生不配合上课，不交作业，不爱学习，怀疑学生的学习态度和学习能力。教师对学生的不信任会通过各种方式传递给学生，影响师生关系。教师要信任学生，相信学生会热爱物理，相信学生能学好物理，在信任学生能行的信念支持下，多鼓励学生，多表扬学生，多肯定学生，这样学生就会从教师身上获得前进的力量。

（4）做到指导和帮助。教师与学生的感情更多是在教师用心指导帮助学生的时候建立起来的。教师面对学生在学习中存在的问题和困难，主动地找到学生，给予及时的指导和帮助，使学生在学习上取得进步，学生能感受到教师的真心付出，产生感恩之情。

## 二、培养良好的生生之间的感情

每个学生都是一个学习个体，由于学生间存在学习竞争，他们会产生隔阂。这种状态下，如果生生之间缺少交流与思维碰撞，那么既不利于学生的思维发展，也不利于学生间建立良好的情感。教师要强调合作学习的重要性，学生间合作、交流、讨论，能学习更多的物理思维方法，思维会变得开放和灵活。一个合作、互助、分享、共进的学习环境比一个竞争、封闭、压抑的学习环境更有利于学生的学习及身心发展。

教师要引导学生处理好合作与竞争的关系，努力营造互相帮助、互相促进、互相支持的物理学习氛围，让学生意识到帮助他人的同时可以更好地发展自己，意识到同学间互相支持才能走得更稳更远。当学生的合作意识强过竞争意识的时候，学生就会主动寻求合作，主动分享学习经验和学习成果。当大家都主动分享成果、主动互帮互助的时候，学生间的信任就建立起来了。

教师要积极开展合作学习。开展小组合作学习，可以让学生间有更多的互动和交流。在合作学习中，教师要引导学生学会倾听他人的发言，尊重他人的想法，主动与他人讨论，理性探讨学习问题，乐于帮助他人。在合作中，有不同的想法，要通过举例和充分的证据去支持自己的想法，避免作无依据的争论，用心做好自己承担的工作，配合他人工作，积极表达个人观点，参与科学推理和科学论证。学生间在讨论、互助、交流、合作探究等活动中，产生互相关心、互相信赖的感情。

## 三、把人文关怀融入物理教学中

人文关怀是对人的生存、发展的关心，对人的生命的尊重。教师要在物理教学中，引导学生学会人文关怀，深入挖掘教材中涉及人文教育的内容，把人文教育内容融入物理学习中。

（1）声音教学中的人文教育。在教学粤沪版物理八年级上册"我们如何听到声音"（第28页）这节课时，教师向学生讲述贝多芬的故事："著名音乐家贝多芬年轻时听力突然衰退，晚年失聪。他就用牙咬住小木棍抵住钢琴听音，坚持创作。"通过贝多芬的感人故事，教师引导学生感受贝多芬在耳朵听不到声音的情况，坚持创作的艰辛及顽强的精神。在教学噪声内容时，教师让学生知道噪声是物体无规则振动产生的声音，引导学生联系生活，总结生活中噪声的来源，列举这些噪声对人们的危害，并提出降低噪声污染的建议。这种学习活动培养了学生关心他人生存环境、关心他人身心健康的意识和情感。

（2）"眼睛与眼镜"教学中的人文教育。教师向学生讲述近视眼和远视眼的光学原理，设计活动，让学生认识眼睛的重要性及如何科学用眼。调查学校同学的近视情况并提出改善视力、保护眼睛的建议（粤沪版第79页）。学生学习近视的原理后学会科学用眼，是对自己健康的关心，产生爱自己的意识，而调查同学的近视情况并提出建议，能培养学生关心他人健康的意识和情感。

（3）汽化和液化教学中的人文教育。教师在讲述汽化吸热时，列举生活中的例子提问："同学们，身上衣服湿了要及时更换，否则容易着凉，为什么？"学生思考后回答，是因为衣服中的水汽化时从人体吸热，导致人容易着凉。教师通过汽化吸热的物理问题，向学生提出预防感冒的建议，让学生体会到教师对他们健康的关心。

（4）浮力教学中的人文教育。教师向学生讲述物体的浮沉原理，并利用物理知识对学生进行生命教育。物体的沉浮与物体的密度有关，人体密度比水的密度大一点，因此人在水中是会下沉的。教师从物理学的角度，讲述玩水的危害，要求学生不能到水边玩水，不能擅自去河里或水塘中游泳，体现了教师对生命的尊重和呵护，同时也引导学生树立保护自己生命安全的意识。

（5）安全用电教学中的人文教育。在安全用电教学中，学生通过学习过载与短路的危害及避免触电的方法，树立安全用电意识和关心自己及他人生命安全的意识。教师引导学生认识到，任何时候都要将自己及他人的安全放在首位，尊重自己及他人的生命安全。

以上类似的例子还有很多。这说明物理教学可以融入生命教育、人文教育，使学生在学习物理过程中，学会关心自己及他人的身心健康，爱护自己及尊重他人。

# 第二节 培养学生与物理的感情

培养学生与物理的感情是物理教师的一项重要使命。学生对物理的良好感情，是指学生感受到了物理的魅力，掌握了物理的学习方法，了解物理的学科本质，自发地喜欢物理，能在物理学习中获得情感上的快乐和满足。培养学生对物理的感情，要让学生知道物理学什么，物理如何学；能在物理学习中获得快乐和满足，获得自我价值感。教师的授课内容必须非常清晰明了，教学方法要灵活多样，让学生通过教师的教学、实验探究、变式练习等学习活动清楚物理学什么，如何学，树立学习物理的信心。教师通过发挥学生的学习主动性、积极的多元评价、让学生展示学习成果、激发学生自我效能感等方式，让学生在物理学习中获得快乐和满足。

物理教师不能只是向学生传授物理知识、学习方法，更重要的责任在于培养学生对物理的感情。教师要让学生感受物理的魅力，理解物理的学科本质，激发学生学习物理的兴趣，培养学生热爱物理的情感。一个成功的物理教师，不只是让学生考高分，而是把学生培养成对物理有深厚感情的人。

## 一、让学生喜欢物理

教师要保持对物理教学的热爱，不断创新教学方式，以自己对物理的热爱影响学生。更重要的是，教师要善于培养学生热爱物理的感情。学生热爱物理是学习物理的动力，也是学好物理的关键。

首先，要做学生喜欢的物理教师。教师要修炼自己，通过调整个人心态，改进与学生相处的方式，学会关心尊重学生，学会从学生的角度去与学生交流，让学生觉得可亲可敬。

其次，要让学生喜欢上物理课。教师要把课堂教学当成一项精致的工作，要站在学生的角度思考教学，精心设计教学过程，通过清晰、有条理的教学活动，把复杂的问题变得通俗易懂。在物理学习中，学生最难理解的是一些物理概念，不知道概念表示的物理意义，不清楚概念是如何界定的。一些学生不理解物理概念表示的物理意义，导致学习困难。对此，教师一定要用学生能理解的方式引导学生去建构概念。对于物理概念，先要用学生听得懂的语言去描述，学生理解概念的意思后，再引导学生将听得懂的语言描述转化为专业的术语表达。教师要通过各种有趣的小实验激发学生的学习兴趣。物理学习离不开实验，物理课堂中，教师要充分发挥学生的主体地位，让学生多进行一些小实验，通过实验去理解物理原理，使学生在玩中学、做中学。一些趣味实验，往往能让学生耳目一新，觉得有趣、好玩、想玩。

最后，通过及时评价及相对评价，让学生获得学习的成就感。学生在课堂学习中，积极参与课堂活动，答对了教师提出的问题、做对了练习、成功完成了实验等，这些都说明学生在学习过程中有所收获和表现，教师应及时给予肯定。这种评价可以是口头表扬，也可以通过课堂表现积分的方法，进行记录加分。学业成绩评价方面，教师应表扬取得优异成绩和进步的学生。如果一些学生没有进步，可以针对试卷中做得好的地方表扬学生。教师通过评价，使学生得到认可，在学习中获得成就感。有效的评价，往往能促进学生的学习，培养学生对物理学习的情感。

## 二、把物理学家的故事融入教学中

物理学史是浩瀚的，许许多多的科学家献身科学，他们乐于探究、坚持不懈、敢于质疑、不盲从权威、追求真理的精神，是人类巨大的精神财富，是培养学生科学精神的重要资源，具有重要的教育价值。每个物理学家发现真理的背后，都是一段可歌可泣的动人故事，能给学生强大的精神力量。然而在教学中，许多教师拼命地讲知识、讲方法、讲练习，而忽视了对学生进行科学态度与责任、科学精神的教育，导致物理学科教学偏离育人本质。因此，教师要在教学中挖掘并讲好物理学家的故事。教师通过这些故事，让学生认识到，在科学研究中，要坚持不懈，大胆实验，运用科学的思维方法，敢于挑战所谓学术权威，敢于质疑。

比如教学电磁感应现象时，要挖掘法拉第发现电磁感应现象的故事的教育价值。教师要动情地讲述法拉第小时候当学徒时，在工作之余刻苦学习的情境，通过法拉第勤奋求学、追求真理的事迹感染学生。同时，教师通过讲述法拉第在"电生磁"现象的启发下，去探究"磁生电"现象，经历了十年时间，历经许多次失败，但依然坚持不懈，坚定信念，最终发现电磁感应现象的艰辛历程，引导学生学习法拉第反复实验、坚持不懈的钻研精神。

教师在讲述故事时，要真情演绎，声情并茂，既要讲清事实，又要在细微处加注感情，以调动学生的情感，达到更好的教育效果。

## 三、把诗歌文学融入物理教学中

诗是艺术的一种形式，诗教也是教学的一种艺术形式。诗歌将情景融合，音节优美，形象鲜明；物理学注重实验事实、科学探索和理性思考，追求真理，将两者结合在一起，会给物理课堂带来极大的美感，情理交融，意境深远。

1. 物理诗教的含义

物理诗教是将诗的艺术形式与物理的教学规律相结合的一种教学方法。诗教通过读诗、品诗、写诗传授物理学知识，同时养成学生良好的情感、态度、价值观。诗教给教学带来美感，有利于培养学生的学习热情，便于学生记忆和理解知识，健全学生人格的发展。

2. 诗教的实施

（1）借诗发挥，创设物理学习情境，引入课题。

针对教学的内容，教师精心挑选一些具有描述相应物理知识的诗歌，使学生对诗中有关物理现象产生注意，从而引发思考。在进行物理教学时，如果以与教学内容有关的诗句引入，让学生品读，引导学生在诗境中思考物理现象，再引入新课，将使教学产生极大的感染力和美感，充分激发学生的学习兴趣。

（2）以诗言物，借诗传情，诗化情境、现象、规律。

物理学是一幅壮丽的画卷，是一首动人的诗篇，因此教师要让自己成为诗人，能够将物理现象、物理过程、物理方法、物理规律及真挚的情感用诗表现出来。如在进行平面镜成像教学时，用诗将平面镜成像中的像距、物距、像物的大小关系表现出来，并揭示平面镜成像中的对称性特征，科学而又具有美感。诗如下所示：

### 平面镜自述

我

垂直于像、物的连线

站在中点

让像、物与我等距

我

映照出等大的虚像

不管物靠近或远离

像的大小

始终等于物体

我

产生镜花水月

虽然虚无

却给人以

对称的美丽

又如在"天平的使用"教学时，学生对掌握天平的使用方法普遍感到吃力，常出现操作步骤混乱、操作错误等问题。将操作过程诗化，使操作过程条理化，方法清晰化，内容通俗化，便于学生理解掌握，如表8-1所示。

表 8-1　天平的诗化教学

| 教学内容 | 对应诗句 | 学生操作 |
| --- | --- | --- |
| 天平的调节：<br>1. 把天平放在水平台面上，把游码移到零刻度线处<br>2. 调节横梁两端的平衡螺母，使天平的横梁平衡 | **调天平**<br>平台放天平<br>游码移到零<br>再调平衡母<br>横梁成水平 | 学生在实验台上按对应的诗句进行实验操作 |
| 天平的使用：<br>1. 将被测物体放在天平的左盘中<br>2. 按照所估计的被测物的质量的大小，用镊子往天平的右盘加减砝码。并调节游码在标尺中的位置，使指针指到分度盘的中线处（或指针左右摆动的幅度相等），这时横梁平衡<br>3. 盘中砝码的总质量再加游码所对刻度值就是被测物体的质量 | **用天平**<br>左物右码在盘上<br>镊夹砝码轻轻放<br>等到横梁将平衡<br>镊移游码来相帮<br>直到完全平衡时<br>砝加游码为质量 | 学生在实验台上按对应的诗句进行实验操作 |

教育家苏霍姆林斯基说过，"每一个儿童，都是天生的诗人"。因此教师还要善于引导学生用心去发现、感受和表达物理学的美，引导学生学会把物理

规律、物理过程写成诗，为物理学家写赞美诗，把自己对物理的爱写成诗。学生在创作过程中，将抽象内容进行形象化的思维加工，加深了对物理知识的记忆和理解，实现心灵真善美的提升。

（3）以诗为题，提高应用物理知识的能力。

采用诗教的一个重要内容是收集古往今来一些通俗易懂的诗，引导学生去感知诗中的物理现象，并用所学的物理知识进行分析解释。如白居易的《暮江吟》中"一道残阳铺水中，半江瑟瑟半江红。可怜九月初三夜，露似真珠月似弓"，作者先于日落前看到了"残阳铺照"而产生"半江瑟瑟半江红"的光学景象，夜间看到了"露似真珠"的物态变化景象。白居易的《琵琶行》中"东船西舫悄无言，唯见江心秋月白"，诗人利用"江中月"这一光学现象，表达了一种忧伤、凄凉的意境；"转轴拨弦三两声，未成曲调先有情"涉及弹奏琵琶之前调节音调的知识；"大弦嘈嘈如急雨，小弦切切如私语"反映了弦的粗细对声音音调的影响；"冰泉冷涩弦凝绝，凝绝不通声暂歇"说明振动停止，发声也停止。李白《将进酒》中"黄河之水天上来，奔流到海不复回"前半句说明黄河具有丰富的重力势能，后半句则说明黄河具有丰富的动能。杜甫《登高》中"无边落木萧萧下，不尽长江滚滚来"涉及相对运动的知识，还说明长江动能丰富。诗歌素材还可以用来编写课堂练习或考试题目。如：

李白的《月下独酌》中"举杯邀明月，对影成三人"，李白的影子是光的_____现象；张九龄的《望月怀远》中"海上生明月"是以_____为参照物；陶渊明的《归园田居》中"道狭草木长，夕露沾我衣"属于物态变化中的_____现象；林逋的七律《山园小梅》中有诗句"疏影横斜水清浅"，"水清浅"是属于光的_____现象。

（4）以诗小结。

教师将课堂内容用一首优美的诗总结出来，使小结既有知识的概括性，又有诗的韵律，还有诗的情感，给学生留下深刻的印象，可起到良好的总结效果。

# 第三节 培养学生与自然、社会的感情

物理学习源于生活，回归社会。物理学习的目的是什么？是运用物理知识为社会服务，让人们生活得更美好和幸福。物理教学要与自然环境有机联系，让学生形成对大自然的正确观念，学会尊重自然，热爱自然，自觉保护环境，节约资源，学会与大自然和谐相处。加强物理与社会生活的联系，让学生联系生活学习物理，培养学生在真实社会生活情境中解决问题的能力，树立运用物理知识服务社会的意识，培养学生热爱社会、服务社会、关心社会的情感。

教师要把关心人类命运的意识融入物理教学中。当今，人类面临着环境、能源、发展等各种问题。作为地球上的一员，学生应该树立关心人类命运的意识，为人类的发展、繁荣做出自己的贡献。

在教学温度内容时，要求学生查阅资料，了解全球气候变暖的趋势，"尝试对环境温度问题发表自己的见解"（课标第9页）。学生通过查阅资料知道，全球平均气温正在升高，气温升高会破坏生态平衡，导致冰川熔化、一些滨海城市被淹、人类生存困难等。教师通过这些活动，让学生认识到全球气候变暖对人类生存的危害，提出解决问题的方法，自觉做到保护环境，减少温室气体排放，爱护人类共同家园。

在教学物态变化水循环内容时，教师要让学生知道世界大部分水资源都在海洋，陆地淡水资源不足，引导学生树立保护水资源、节约用水的意识。可以要求学生完成义务教育物理课程标准中建议的活动（课标第9页）："调查学校或家庭的用水状况，设计一个用于学校或家庭的节水方案。"这个活动以学校和家庭为背景，学生能在这两个场所观察到用水的不良习惯，提出改进建议并设计出节水方案。这个活动让学生真正产生节约水资源的意识并做出行动。

在讲述能量守恒定律、能量在转化和转移的方向性、能源利用效率等与能量有关的内容时，教师要结合生活实际，培养学生树立提高能源利用效率及节约能源的意识。比如用天然气灶烧水时，燃烧天然气放出的热量只有一部分被水吸收，另外一部分热量损耗了，而损耗的那部分无法再利用。这些例子让学生知道，人类在利用能源时浪费了很多能量，人类应该努力提高能源利用效率及节约能源。

# 第四节　培养学生的家国情怀

学生的家国情怀是指学生对中华民族、对党和国家高度认同，有深厚的感情，有作为中国人的民族自豪感，关心党和国家的发展，关心中华民族伟大复兴。物理教育不只是物理教学，还要承担基于物理学科的育人责任，培养学生的家国情怀。教师要善于挖掘物理教材的育人元素，把中华优秀传统文化融入物理教学中，增强学生对中华民族的文化认同；把国家人文景观、自然风光、文物古迹等融入物理教学中，增强学生对大美中国的情感；把我国物理学家的事迹融入物理教学中，传承物理学家的科学精神；把国家的先进科技、大国重器融入物理教学中，增强学生热爱国家的情感，厚植家国情怀。

## 一、把传统文化融入物理教学中

中国的传统文化非常璀璨，有很多习俗和传统节日，这些习俗和传统节日具有丰富的文化内涵，也蕴含着丰富的与物理有关的知识。以传统文化为情境的物理教学，既能让学生进行情境化学习，又能传承优秀传统文化和树立文化自信。教师要在各个习俗及节日活动中，认真观察和思考，寻找节日中的物理知识，要善于思考：习俗活动中有关事物或现象是否涉及与物质主题有关的知识？是否涉及与运动和相互作用主题有关的知识？是否涉及与能量主题有关的知识？以下以端午节和重阳节为例，说明如何将传统文化融入物理教学中。

1. 把端午节文化渗透到物理教学中

端午节是中国传统节日，是为了纪念伟大爱国诗人屈原而设立的节日。在端午节，人们习惯包粽子和赛龙舟纪念屈原。以端午节为情境，可以设计很多与物理有关的问题供学生思考。

机械运动知识与端午节结合：龙舟运动时，以河岸为参照物，龙舟是运动的还是静止的？以龙舟上坐着的人为参照物，龙舟是运动的还是静止的？

力和机械知识与端午节结合：划龙舟所用的船桨是属于省力杠杆还是费力杠杆？使用这种杠杆有什么好处？

力和运动知识与端午节结合：龙舟上的人用船桨向后划水，龙舟前进，是什么原理？

浮力知识与端午节结合：龙舟在平静的水面上漂浮时，受到的哪些力是对应的平衡力？当人们爬上龙舟后，龙舟受到的浮力将如何变化？

汽化知识与端午节结合：端午节煮粽子，水烧开后，水的温度会改变吗？

分子动理论知识与端午节结合：端午节煮粽子时，粽香四溢，该现象说明了什么？

2. 把重阳节文化渗透到物理教学中

九月初九是中国传统节日——重阳节，在这天人们会去登山祈福。

摩擦力知识与重阳节结合：在重阳节，为什么人们去登山时要穿上鞋底粗糙的鞋子？

大气压知识与重阳节结合：人们在重阳节爬山时，爬得越高，大气压越高还是越低？

机械功知识与重阳节结合：在重阳节，小明提着 3kg 的水果，从山底登上500m 高的山顶，小明对水果做了多少功？

## 二、把古代、现代科技融入物理教学中

在物理教学中，教师要将我国古代科技及现代先进科技成就与授课内容有机结合起来，增强学生的民族自豪感。我国是世界文明古国，历史上有许多科学成就。比如教学凸透镜对光的会聚作用时，教师向学生介绍我国汉代就已经发明了冰透镜取火；教学地磁场时，教师向学生介绍我国的沈括发现磁偏角的时间比西方早了 400 多年。如今，我国在某些领域的科技上取得巨大成就，教师应该将这些科技成就与日常教学有机结合，将我国的高铁、空间站、载人深潜器、潜水艇、航空母舰、磁悬浮列车、新能源汽车、风力发电、可控核聚变、长江三峡船闸、机器人、人工智能等先进科技搬进物理课堂，让学生了解最前沿的科技动态，了解我国的科技发展情况，增强学生的自豪感、使命感和责任感，同时让学生认识到物理学与高新科技息息相关，感受物理学的巨大作用。

比如在物态变化教学中，教师联系生活说明汽化吸热、液化放热。青藏铁路两旁排列的热棒就是汽化吸热、液化放热的典型应用。教师首先介绍国家修建青藏铁路的时代背景，修建青藏铁路的艰难及该铁路对西藏发展的巨大意义；接着介绍工程师为了解决冻土问题，设计了热棒，下端插入地下冻土层，上端露出地面，热棒内封闭了工作物质，热量只能从下端向上端单向传递，当

冻土温度升高时，热棒中的工作物质吸热汽化后上升，热量被带至热棒的上端后放热液化下沉，如此循环，保持冻土温度的稳定。教师的教学将汽化吸热和液化放热的知识与青藏铁路热棒联系起来，既做到学以致用，又增强学生的民族自豪感及爱国情感。

物理教育既要突出学科教学，也要突出培养学生的人文精神和科学精神。只有人文和科学有机结合，才是完整的物理教育。物理教育不但向学生传授真理，也传授善念和美，要针对教学内容，有机地融入传统文化、家国情怀、人文关怀等元素，使物理课堂充满文化气息。

# 第九章 初中物理思维型课堂教学案例

## 第一节 粤沪版物理八年级上册"2.2 我们怎样区分声音"教学案例

### 一、教材分析

"我们怎样区分声音"是粤沪版物理教科书第二章第二节的内容，音调是声音的一个重要特征。本节内容要求学生能从音调的角度区分声音的特征。在学本节课之前，学生已经学过声音的一个特征——响度，响度的大小与物体的振幅有关。本节课引导学生从高、低音的角度去区分生活中常听到的各种声音，建立音调的概念。教材引导学生通过实验探究音调与物体振动频率的关系，探究弦乐器的音调与哪些因素有关，使学生经历实验探究、科学推理过程，建立音调的物理观念，能用音调的观念解释生活中的声现象。本节内容也为下节课的音色学习打下基础。

### 二、教学设计思路

本节课首先通过上课起立这一过程，让男同学和女同学分别说"老师好"，让学生区分男同学声音与女同学声音的差别，让学生区分生活中的高低音，从生活走向物理，建立音调的概念。学生建立音调概念后，引导学生观察钢尺伸出桌面不同长度时振动快慢的不同，通过活动体验建立频率的概念，并用示波器显示不同频率的声音；在此基础上，引导学生研究发声体的音调与物体振动频率的关系，进而采用控制变量法研究弦乐器的音调与哪些因素有关。然后通过例题巩固本节知识，从物理走向生活，培养学生利用所学知识解决问题的能力。

## 三、教学目标

1. 物理观念

形成音调的物理观念：知道声音的高低叫音调；知道决定音调高低的因素；了解不同音调的声音在波形上的差异；了解影响弦乐器的音调高低的因素；能用音调的观念解释生活中的声现象。

2. 科学思维

通过科学推理得出音调与物体的振动频率有关。

3. 科学探究

（1）学生通过"听"建立起音调的概念，经历"探究影响声音高低的因素"的过程，培养良好的观察及实验习惯。

（2）学生通过探究弦乐器的音调高低与什么因素有关，体会控制变量法的使用，培养设计实验、动手实验的能力。

（3）学生通过同伴之间的积极相互影响提高自主学习的有效性，相互交流观点及思想。

4. 科学态度与责任

培养学生实事求是进行实验的科学态度和科学精神。

## 四、教学重点、难点

1. 重点

探究影响声音高低的因素。

2. 难点

探究影响弦乐器音调高低的因素。

3. 重难点突破的方法

通过活动体验及科学探究和交流合作突破重难点。

## 五、教法和学法

1. 教法

（1）情境导入。

（2）问题讨论。

（3）点拨启发。

（4）多媒体辅助教学。

（5）探究式教学。

2．学法

（1）学生自主探究实验。

（2）小组合作学习。

## 六、教学资源

手提电脑、示波软件、麦克风、钢尺、两个频率不同的音叉、吉他、探究影响弦乐器音调的器材、水瓶琴等。

## 七、教学过程

环节一：提出问题

| 教学阶段 | 教师主导 | 学生主体 | 设计意图 |
|---|---|---|---|
| 创设情境，提出问题 | 复习上一节声音由物体振动产生的知识 | 学生回答问题 | 复习声音由物体振动产生的知识，让学生认识声音的差异源自物体振动的差异，因势利导引入课题 |
| | 物体的振幅影响声音的响度，探究物体振动的快慢对声音的影响 | 学生思考物体振动快慢不同产生的声音有什么不同 | |

环节二：经历知识形成的过程，建构对知识的理解

| 教学阶段 | 教师主导 | 学生主体 | 设计意图 |
|---|---|---|---|
| 建构音调的概念 | 1．请男同学及女同学分别说"老师好"，引导学生认真感受男女声的区别<br>2．播放歌曲《弯弯的月亮》及《天路》 | 学生通过比较、聆听歌曲建构音调的概念，学会从所听的声音中感知音调的变化 | 教师创设情境，引导学生自主建构音调的概念 |

（续上表）

| 教学阶段 | 教师主导 | 学生主体 | 设计意图 |
|---|---|---|---|
| 引入频率的概念，利用波形比较频率 | 学生拨动钢尺，观察钢尺振动快慢，引入频率概念；学生学习频率的定义、符号、单位等基本概念，利用示波器显示声音波形 | 学生自主建构频率的概念，明确频率的物理意义，通过观察学会利用波形比较频率的高低 | 使学生认知频率的概念，会通过波形比较频率 |
| 实验：探究影响声音高低的因素 | 1. 教师引导学生猜想影响声音高低的因素<br>2. 教师引导学生在实验中思考三个问题：钢尺的哪一段在振动？两次振动时发出声音的音调有什么区别？两次振动的快慢是否相同？<br>3. 教师引导学生在实验中两次拨动钢尺的边缘部位，力度要相同<br>4. 教师鼓励学生采用其他的器材和方法探究影响声音高低的因素 | 1. 学生讨论实验方案<br>2. 学生进行实验，记录实验现象<br>3. 学生分析论证得出结论<br>4. 学生展示实验结果<br>5. 学生交流与评估实验情况 | 让学生知道影响声音高低的因素，使学生成为学习探究的主体，培养学生的团队合作精神及交流沟通能力 |
| 实验：探究影响弦乐器音调的因素 | 1. 教师引导学生猜想弦乐器的音调与哪些因素有关<br>2. 教师引导学生利用控制变量法进行探究 | 1. 学生小组合作，学习用控制变量法设计实验并进行实验<br>2. 各小组展示实验成果<br>3. 各小组对实验过程进行交流与评估 | 使学生学会用控制变量的思想设计和进行实验，使学生经历探究过程，养成良好的情感、态度和价值观 |

环节三：形成知识结构

| 教学阶段 | 教师主导 | 学生主体 | 设计意图 |
|---|---|---|---|
| 形成知识结构 | 教师指导学生根据所学内容绘制思维导图，要求形成以音调概念为核心，联结各有关概念和思维方法的知识结构 | 学生以一定的逻辑线索整合所学内容，绘制思维导图，加深对所学知识的理解 | 使所学知识结构化 |

环节四：例题模仿

| 教学阶段 | 教师主导 | 学生主体 | 设计意图 |
|---|---|---|---|
| 例题示范 | 教师精选典型例题，示范运用音调的观念解决问题 | 学生学习教师的解题方法 | 学生模仿教师解题过程，掌握解题基本思路 |

环节五：输出理解

| 教学阶段 | 教师主导 | 学生主体 | 设计意图 |
|---|---|---|---|
| 应用与提高 | 1. 教师指导学生完成书本上的练习题<br>2. 阅读理解：一位同学在周记中写道："星期六我去爬山，我听到蜜蜂飞舞的声音，还有蝴蝶飞舞的声音，树叶哗哗声，小溪的流水声……知更鸟的叫声真动听，如果我能发出这样的叫声该多好啊！"请问他的周记有什么科学性的错误？他能发出知更鸟的叫声吗？ | 1. 学生先独立思考再与小组成员讨论，完成课本上的练习题<br>2. 学生运用所学知识完成阅读理解中的问题 | 培养学生利用音调的知识解决问题的能力，查找和收集信息的能力 |

环节六：布置作业

| 教学阶段 | 教师主导 | 学生主体 | 设计意图 |
|---|---|---|---|
| 布置作业 | 教师布置课外作业：用筷子敲击装有不同水量的相同瓶子，总结声音的音调变化规律 | 学生准备八只相同的空瓶，装上不同量的水，用筷子敲击瓶子相同部位，记录音调与装水量的关系 | 使学生在做中学、用中学 |

# 第二节　粤沪版物理八年级上册"4.1从全球变暖谈起"教学案例

## 一、教材分析

本节课是粤沪版物理八年级上册第四章第一节的内容，课题为"从全球变暖谈起"，主要是让学生学习有关温度的知识，包括温度的含义和温标的规定、温度计的构造和原理，练习使用温度计。教材先简要介绍全球气候变暖情况，并用图片表明温度升高对人类生活的影响，以此引入温度的概念。教材设计"活动1"让学生凭感觉判断冷和热，说明凭感觉判断冷热是不可靠的，要准确测量物体的温度，必须使用温度计。于是教材引导学生学习温度计的原理、练习正确使用实验用温度计和体温计的方法，了解它们的异同点。温度计的使用是新课标必做实验之一，本节课在热学中起基础性作用。

## 二、教学设计思路

本节课的教学设计理念是"提高学生核心素养"，引导学生建构知识。教学思路如下：创设情境，播放一段视频，让学生认识到温度对生活的影响；让学生体验冷热，引入温度的概念；让学生知道要了解温度的高低，必须用温度计进行测量，于是引导学生自制温度计。教师通过与学生一步步设计、自制温度计，说明常用温度计的测温原理，同时演示温度计示数的标度方法，教授常用单位——摄氏度；引导学生观察实验用温度计的构造、量程，练习使用温度计测冷水和热水的温度，并交流心得，总结出正确使用温度计的方法；引导学生比较实验用温度计和体温计在结构上的不同，比较它们的量程和分度值及使用方法，最后落实核心素养目标。

## 三、教学目标

1. 物理观念
构建温度及温度计的观念。
2. 科学思维
通过实验现象推理出温度计的工作原理。
3. 科学探究
会应用比较、转换的方法探究液体温度计的工作原理。
4. 科学态度与责任
尝试对温度问题发表看法，有保护环境及可持续发展的意识。

## 四、教学重点、难点

1. 重点
正确使用温度计。
2. 难点
了解摄氏温度计的标度方法，理解温度计测温原理中的"转换法"和"放大法"。

## 五、教法和学法

1. 教法
情境导入、演示实验、讲授。
2. 学法
小组合作，观察比较、学生实验。

## 六、教学资源

实验用温度计、体温计、烧杯、冰水混合物、酒精灯、铁架台（含陶土网）、口服液药瓶、粗细不同的吸管、红色墨水、冷水、热水等。

## 七、教学过程

环节一：提出问题

| 教学阶段 | 教师主导 | 学生主体 | 设计意图 |
|---|---|---|---|
| 建立温度概念 | 教师让学生触摸一杯冰水，一杯热水；让学生说出冬天及夏天的冷热感受 | 学生发表看法，感觉冰水冷，热水热；冬天冷，夏天热；总结出温度的概念 | 建立温度的概念 |
| 提出问题 | 什么叫温度？如何测量温度？温度的单位是什么？ | 学生思考教师的问题，认识温度表示物体的冷热程度 | 引入要学习的内容 |

环节二：经历知识形成的过程，建构对知识的理解

| 教学阶段 | 教师主导 | 学生主体 | 设计意图 |
|---|---|---|---|
| 温度计的原理 | 教师提供器材，引导学生自制温度计；学生展示自制的温度计，把自制简易的温度计分别放入热水和冷水中；教师将实验现象投屏到大屏幕上，让学生观察 | 学生观察自制温度计的液柱上升或下降的情况，思考温度计的测温原理 | 通过观察温度标的液柱变化理解温度计的测温原理 |
| 温度的单位 | 教师用一支无刻度温度计，演示温度计刻度的标度方法，引入摄氏温标；在演示过程中，渗透正确使用温度计的方法，为学生下一步练习使用温度计作铺垫 | 学生观看实验演示，与教师一起给一支没有刻度的温度计标上示数；学习摄氏温标 | 了解摄氏温标的规定，学习温度的单位 |

（续上表）

| 教学阶段 | 教师主导 | 学生主体 | 设计意图 |
|---|---|---|---|
| 实验用温度计的构造 | 教师引导学生观察实验用温度计的构造，认清实验用温度计的量程和分度值 | 学生观察实验用温度计，认清实验用温度计的量程和分度值，练习温度计的读数 | 学习温度计的构造 |
| 实验用温度计的使用 | 1. 教师正确示范并讲解温度计的使用方法<br>2. 教师要求学生测量热水和冷水的温度，并记录有关数据<br>3. 教师观察并及时指出学生出现的错误做法 | 1. 学生根据教师的示范进行操作<br>2. 在教师的指导下更正操作中的错误<br>3. 记录测量出的水温数据：<br><br>表格：<br>被测物体 / 估测温度 $t/℃$ / 实测温度 $t/℃$<br>热水<br>冷水 | 学会正确使用实验用温度计 |
| 体温计 | 教师给每组学生发一支体温计，让学生观察它的构造，并与实验用温度计进行比较，得出异同点：<br><br>表格：<br>比较 / 实验用温度计 / 体温计<br>不同点：量程、分度值、是否有细弯管 | 学生观察比较，总结出体温计与实验用温度计在构造上的不同，在分度值及量程上的不同，在使用方法上的不同 | 通过比较学习，深入认识两种温度计的特点 |
| 体温计的使用 | 教师引导学生通过观察比较，总结体温计的使用方法；明确实验用温度计与体温计在使用上的异同点 | 学生总结体温计的使用方法；明确实验用温度计与体温计在使用上的异同点 | 通过比较，使学生认识到由于结构不同、用途不同，实验用温度计与体温计的使用方法不同 |

环节三：形成知识结构

| 教学阶段 | 教师主导 | 学生主体 | 设计意图 |
|---|---|---|---|
| 形成知识结构 | 教师引导学生以温度概念为线索将本节课的内容组织起来，形成相互关联的知识结构 | 整理本节课的知识，绘制思维导图，使知识结构化 | 使零散的知识结构化 |

环节四：例题模仿

| 教学阶段 | 教师主导 | 学生主体 | 设计意图 |
|---|---|---|---|
| 例题示范 | 教师精选典型例题，运用温度观念解决问题 | 模仿练习 | 使学生学习运用温度观念解题的基本思路 |

环节五：输出理解

| 教学阶段 | 教师主导 | 学生主体 | 设计意图 |
|---|---|---|---|
| 迁移应用 | 教师要求学生列举生活中常见的温度值；要求学生说出什么是温室效应、温室效应产生的原因，提出减轻温室效应的方法 | 1. 学生先独立思考再与小组成员讨论<br>2. 学生用温度的观念解释温室效应的有关问题 | 培养学生应用温度观念解释生活中的物理现象的能力；引导学生树立关心人类命运的意识 |

环节六：作业设计

| 教学阶段 | 教师主导 | 学生主体 | 设计意图 |
|---|---|---|---|
| 课后迁移 | 教师布置作业：自制简易的标有刻度的温度计 | 学生选择合适器材，动手操作 | 培养学生实践能力，使学生在做中学 |

## 第三节　粤沪版物理八年级上册"4.3 探究熔化和凝固的特点"教学案例

### 一、教材分析

本节内容是学生学习了汽化和液化后，继续学习的物态变化现象。熔化和凝固现象在生活生产及自然界中非常常见。本节以海波和石蜡为代表进行实验探究，通过收集数据，描绘图像，对比分析，总结出晶体和非晶体熔化和凝固的特点。教材编写体现了课标"经历物态变化的实验探究过程"的要求，注重学习过程体验、方法学习、科学态度与责任的培养。

### 二、教学设计思路

学生在学习本节课之前已经历了探究水的沸腾的实验，对物态变化有一定的认识基础。本节课首先通过用蜡油写字的演示活动，让学生认识蜡的物态变化过程，建立熔化和凝固的概念。其次提出要研究的问题，引导学生小组合作，组装器材，探究海波及石蜡的熔化过程温度随时间变化的情况，记录有关现象和数据，绘制熔化图像，并引导学生用逆向思维的方法，绘制出海波及石蜡的凝固过程图像。再次通过对比分析海波及石蜡熔化、凝固图像，让学生总结出晶体与非晶体的熔化和凝固的特点，理解图像所表达的物理意义。最后让学生建构出晶体和非晶体熔化和凝固过程温度随时间变化的模型，能输出应用这些模型解决生活中的问题。

### 三、教学目标

1. 物理观念

形成熔化和凝固的物理观念，能用熔化和凝固的有关知识解释生活中的现象。

2. 科学思维

通过实验和推理，总结出晶体与非晶体的熔化和凝固的图像模型。

3．科学探究

通过实验探究晶体与非晶体熔化和凝固的特点。

4．科学态度与责任

培养学生实事求是进行实验的科学态度。

## 四、教学重点、难点

1．重点

通过实验探究及图像分析，认识晶体与非晶体熔化和凝固的特点。

2．难点

通过实验探究物质熔化特点，描绘晶体和非晶体的熔化和凝固的图像，并根据图像分析晶体和非晶体的特点。

因为实验过程中既要观察物质状态，还要搅拌海波，对学生的实验能力有较高的要求。学生利用实验数据描绘图像来表达物理过程，可能较难理解各坐标的物理意义。

## 五、教法和学法

1．教法

（1）情境导入。

（2）问题讨论。

（3）点拨启发。

（4）多媒体辅助教学。

（5）探究式教学。

2．学法

（1）学生自主探究。

（2）小组合作学习。

（3）对比分析。

（4）用图像表示熔化和凝固过程。

## 六、教学资源

酒精灯、铁架台（含陶土网）、火柴、温度计、大烧杯、大试管、搅拌器、粉末海波（15～20g）、石蜡、温水（35℃左右）等。

## 七、教学过程

环节一：提出问题

| 教学阶段 | 教师主导 | 学生主体 | 设计意图 |
|---|---|---|---|
| 创设情境，引入课题 | 教师引导学生思考：能否利用蜡烛的油来写字呢？引导学生通过观察蜡油写字，发现其中的物态变化 | 学生认真观察蜡烛的熔化和凝固，总结出蜡烛的物态变化 | 通过活动引入课题，使学生快速进入学习情境 |
| 学习熔化和凝固概念 | 教师引导学生总结出熔化和凝固的概念，引导学生举出生活、生产中常见的熔化和凝固现象 | 学生总结熔化和凝固的概念，举出生活、生产中熔化和凝固现象的例子，如冰熔化成水，钢熔化成钢水又凝固成钢件等 | 让学生理解熔化和凝固的概念，通过举例，让生活走向物理 |
| 提出问题 | 教师出示海波图片及石蜡图片，问海波和石蜡的熔化和凝固过程有什么特点？ | 学生思考：它们的熔化过程相同吗？熔化需要一个过程，温度会发生变化吗？学生对这些问题进行猜想 | 通过引导学生提出问题，可以激起学生探究的欲望，明确探究的方向 |

环节二：经历知识形成的过程，建构对知识的理解

| 教学阶段 | 教师主导 | 学生主体 | 设计意图 |
|---|---|---|---|
| 实验探究熔化特点：准备阶段 | 1. 教师引导学生先进行实验前的体验，体验酒精灯的使用、控制加热温度的方法等，介绍实验中应注意的问题<br>2. 教师做好实验分工，一部分小组探究海波的熔化特点，一部分小组探究石蜡的熔化特点，实验同时进行 | 学生体验仪器的基本操作和注意事项，学会控制对海波加热的温度，学会对海波进行搅拌。学生分工：计时、观察物质状态并读取实验数据、记录、保护仪器 | 使学生学会正确使用器材，知道器材的基本操作方法，为下一步的探究奠定基础 |

（续上表）

| 教学阶段 | 教师主导 | 学生主体 | 设计意图 |
|---|---|---|---|
| 实验探究熔化的特点：实验过程 | 教师巡视指导，发现问题<br>1. 引导学生认真观察物质的状态以及温度计的示数，每隔0.5min读一次数据<br>2. 引导学生控制好水温，并搅拌海波<br>3. 向学生强调注意安全 | 学生根据自己的分工进行实验 | 使学生经历探究过程，养成良好的科学态度及良好的情感、态度和价值观 |
| 实验探究熔化的特点：数据处理与总结 | 教师引导学生整理实验器材并处理数据，指导学生描绘图像 | 学生展示自己的实验数据和所绘制的图像；各小组的同学交流各自的实验数据；通过对比认识海波与石蜡在熔化过程中的异同点 | 使学生学会通过对比法认识海波和石蜡熔化过程的异同点，学会利用图像来表示物理过程 |
| 凝固过程 | 教师介绍通过逆向思维的方法描绘海波和石蜡凝固的图像 | 学生进行逆向思维，描绘海波和石蜡凝固的图像 | 使学生学会利用逆向思维的方法进行学习 |
| 熔点和凝固点的概念，晶体和非晶体 | 1. 教师通过学生的实验结论，引导学生分析图像，以此引入熔点的概念，根据物质是否有熔点，可以将物质分为晶体和非晶体<br>2. 引导学生查看物质熔点表<br>3. 引导学生认识同种物质的熔点和凝固点相同 | 学生查看物质熔点表；理解冰的熔点是0℃的意义 | 使学生建构晶体和非晶体的概念，并认识到它们的区别 |

环节三：形成知识结构

| 教学阶段 | 教师主导 | 学生主体 | 设计意图 |
|---|---|---|---|
| 形成知识结构 | 教师指导学生绘制思维导图，要求突出晶体海波、非晶体石蜡在熔化和凝固时的温度随时间变化的图像模型 | 学生按要求绘制思维导图，加深对晶体和非晶体熔化和凝固的特点的理解 | 形成逻辑严密、简要直观的知识结构 |

环节四：例题模仿

| 教学阶段 | 教师主导 | 学生主体 | 设计意图 |
|---|---|---|---|
| 例题示范 | 教师用多媒体展示题目，示范运用熔化和凝固知识解决问题 | 学生模仿解题 | 使学生了解运用熔化和凝固知识解决问题的基本思路 |

环节五：输出理解

| 教学阶段 | 教师主导 | 学生主体 | 设计意图 |
|---|---|---|---|
| 迁移应用 | 1. 教师让学生完成课本上的练习题<br>2. 教师用多媒体展示题目，要求学生运用所学知识解决问题，教师指导帮助 | 学生思考并解答问题 | 迁移应用本节知识 |

环节六：布置作业

| 教学阶段 | 教师主导 | 学生主体 | 设计意图 |
|---|---|---|---|
| 布置作业 | 1. 教师让学生参照海波的熔化与凝固时温度随时间变化的图像，绘制冰在熔化和水在凝固时的温度随时间变化的大致曲线图<br>2. 教师提问：用铝做成的容器能熔化铁吗？ | 学生独立思考，遇到困难时查找资料或与同学讨论 | 培养学生迁移应用知识的能力 |

# 第四节　粤沪版物理八年级下册"9.1 认识浮力"教学案例

## 一、教材分析

本节课是粤沪版物理八年级下册第九章第一节的内容，课题为"认识浮力"。教材先通过一些生活现象引发学生对浮力问题的思考，进而设计"活动1"让学生比较金属块在空气和水中称量时弹簧测力计的示数，使学生从生活经验及实验中去感受浮力的存在，从而建立起较为理性的浮力概念；然后设计"活动2"分析浮力产生的原因，使学生认识浮力产生的实质；最后设计"活动3"探究影响浮力大小的因素。本节课是学生建立浮力观念的基础。

## 二、教学设计思路

本节课的内容包括浮力的概念、称重法测浮力、浮力产生的原因、探究浮力的大小与哪些因素有关、影响浮力大小的因素。教学设计理念是"从生活走向物理，从物理走向社会"。

首先是感知浮力。让学生将乒乓球、木块、石块、铝块、青瓜、马蹄等先后放入装有水的大烧杯中，观察这些物体在水中是浮还是沉。让学生通过实验建立浮力的概念。

其次是认识浮力。引导学生探究在水中下沉的石块或铝块是否受到水的浮力。学生设计实验方案，进行实验探究，总结出用弹簧测力计测量浮力的方法。引导学生利用液柱分析浮力产生的原因及通过实验探究浮力产生的原因，认识浮力的本质。

再次是探究浮力。让学生经历探究浮力的大小与哪些因素有关的过程，掌握实验探究方法，知道影响浮力大小的因素。

最后是整理归纳所学知识，运用所学知识解决问题，提高学生的核心素养水平。

## 三、教学目标

1. 物理观念

通过实验，知道什么是浮力及浮力产生的原因，会用弹簧测力计测固体浮力的大小，知道影响浮力大小的因素，初步建立浮力观念。

2. 科学思维

通过建构水柱模型，研究浮力产生的原因；通过实验推理出影响浮力大小的因素。

3. 科学探究

会探究浮力的大小与哪些因素有关。

4. 科学态度与责任

培养学生乐于探究的兴趣及实事求是的科学态度。

## 四、教学重点、难点

1. 重点

探究影响浮力大小的因素。

2. 难点

探究浮力产生的原因。

## 五、教法和学法

1. 教法

（1）情境导入。

（2）问题讨论。

（3）点拨启发。

（4）多媒体辅助教学。

2. 学法

（1）学生自主实验。

（2）小组合作学习。

## 六、教学资源

弹簧测力计、大号空矿泉水瓶（剪掉上部，作为大容器）、带绳的小石块、金属圆柱体、空矿泉水瓶（去底）、乒乓球、木块、石块、铝块、青瓜、马蹄等。

## 七、教学过程

环节一：提出问题

| 教学阶段 | 教师主导 | 学生主体 | 设计意图 |
|---|---|---|---|
| 对联分享 | 上联：你玩我玩他玩一起玩物理<br>下联：你求我求他求合作求真知<br>横批：玩物致理 | 学生朗读对联，体会对联的含义 | 引导学生开心地玩物理和学物理 |
| 引入新课 | 引导学生利用生活经验判断一些生活中常见的物品、果蔬在水中的沉浮情况，比如乒乓球、木块、石块、铝块、青瓜、马蹄等 | 学生观察教师所用的物品、果蔬，判断它们在水中是沉还是浮，观察实验的现象，体会自己的判断与实验结果是否一致 | 利用学生已有的生活经验引入课题 |
| 提出问题 | 什么是浮力？如何测量浮力？浮力是如何产生的？浮力的大小与哪些因素有关？ | 学生思考教师提出的问题，初步了解本节课要学习内容 | 让学生清楚本节课要学习什么内容 |

环节二：经历知识形成的过程，建构对知识的理解

| 教学阶段 | 教师主导 | 学生主体 | 设计意图 |
|---|---|---|---|
| 建构浮力概念 | 1. 教师引导学生认识在水中上浮的物体受到水的浮力。引入浮力的概念：浸在液体中的物体受到液体向上托的力叫浮力<br>2. 教师引导学生思考：在水中下沉的石块或铝块是否受到水的浮力？<br>3. 教师引导学生设计实验探究石块或铝块浸没在水中时是否受到水的浮力 | 1. 学生小组讨论实验方案，思考如何证明浸在水中的石块或铝块受到浮力<br>2. 学生交流并得到实验方案：用弹簧测力计吊着石块或铝块，读出石块或铝块受到的重力。把石块或铝块浸没在大烧杯的水中（不要接触杯底或杯壁），观察弹簧测力计示数的变化。如果弹簧测力计的示数减小，说明石块或铝块受到水的浮力<br>3. 学生对石块或铝块进行受力分析：浸在水中平衡的石块或铝块受到三个力的作用，分别为重力、浮力、弹簧测力计的拉力，则 $F_拉 + F_浮 = G$，得 $F_浮 = G - F_拉$<br>4. 学生得出结论：在水中下沉的物体受到浮力的作用<br>5. 学生总结用弹簧测力计测量浮力的方法 | 让学生经历建立浮力的概念的思维过程，通过实验证明浮力的存在，总结出测量浮力的方法，实现从生活走向物理、从感性认识上升到理性认识 |

（续上表）

| 教学阶段 | 教师主导 | 学生主体 | 设计意图 |
|---|---|---|---|
| 浮力的方向 | 教师引导学生思考：浸在液体中的物体受到液体向上托的力，那浮力的方向是斜向上还是竖直向上呢？请学生讨论如何利用理论分析的方法或实验的方法探究浮力的方向。教师参与学生小组讨论，记录学生讨论中较为有价值的内容 | 1. 学生小组展开讨论。学生讨论后，展示利用二力平衡的方法证明浮力的方向是竖直向上的<br>2. 学生展示利用实验的方法证明浮力方向是竖直向上的 | 让学生自己去解决问题，自己去寻找证据，体现学生在学习中的主体地位，使学生在解决问题中得到全面发展 |
| 练习用称重法测浮力 | 教师请学生练习用称重法测量圆柱体的浮力，指导学生正确使用仪器测出同一圆柱体在清水中及在盐水中受到的浮力，提醒学生注意：实验时，物体不要触及杯底或杯壁 | 学生小组合作用称重法测量圆柱体浸在水中时受到的浮力，并把实验数据记录到表格中 | 使学生经历测量浮力大小的过程，培养学生动手操作能力、观察能力，学会正确用称重法测量浮力的大小 |
| 浮力产生的原因 | 1. 理论分析：（1）讨论长方体左右两个侧面对应部分在水中的深度、压强和所受压力的情况。（2）讨论长方体前后两个侧面对应部分在水中的深度、压强、所受压力情况。（3）讨论长方体上下两个面在水中的深度、压强及所受压力的情况<br>2. 教师指导学生通过实验探究浮力产生的原因 |  1. 学生小组合作讨论长方体液柱左右、前后、上下表面对应部分的深度、压强及所受压力的情况，从而认识浮力产生的原因 <br><br>2. 学生实验。把空矿泉水瓶剪掉底部，倒置放置，将乒乓球放到瓶口（如图所示），然后向瓶内注水，观察乒乓球是否浮起来；盖上瓶盖后，观察乒乓球是否浮起<br> | 让学生自主研究浮力产生的原因，知道浮力的产生涉及液体压强的知识，从而建立浮力与液体压强和压力的内在联系 |

（续上表）

| 教学阶段 | 教师主导 | 学生主体 | 设计意图 |
|---|---|---|---|
| 影响浮力大小的因素 | 1. 教师引导学生根据生活经验提出合理猜想。把篮球压入水中，篮球浸入水中体积越大，感觉用的压力越大。人在死海中能漂在水面上看书，但在河水中却不可以这样做。人在海边越往深处走，感觉脚底受到的压力越小<br>2. 教师引导学生设计实验。要研究浮力大小与某个因素的关系，要控制其他因素不变<br>3. 教师引导学生进行实验 | 1. 学生猜想：浮力的大小可能与物体浸入液体的体积有关，可能与物体浸入液体的密度有关，可能与物体浸入水中的深度有关<br>2. 学生小组讨论，运用控制变量法设计实验方案，设计好实验记录表，通过实验收集证据<br>3. 学生进行实验，记录相关数据；通过实验数据推理出自己的猜想是否正确；通过分析论证，得到影响浮力大小的因素 | 学生经历实验、科学推理、科学论证等过程，建构对浮力大小与哪些因素有关的理解 |

环节三：形成知识结构，绘制思维导图

| 教学阶段 | 教师主导 | 学生主体 | 设计意图 |
|---|---|---|---|
| 形成知识结构 | 教师指导学生以浮力概念为核心，绘制思维导图。将浮力的作用点及方向、浮力的测量、浮力产生的原因、影响浮力大小的因素、实验探究的方法等内容结合起来，形成紧密的知识结构 | 学生根据教师要求，绘制思维导图，形成知识结构 | 使所学知识结构化 |

环节四：例题模仿

| 教学阶段 | 教师主导 | 学生主体 | 设计意图 |
|---|---|---|---|
| 例题示范 | 教师列举应用浮力概念解决问题的例子，向学生示范解题过程和方法 | 学生模仿例题解题，获得解题经验 | 使学生了解应用浮力概念解题的思路 |

环节五：输出理解

| 教学阶段 | 教师主导 | 学生主体 | 设计意图 |
|---|---|---|---|
| 迁移应用 | 教师指导学生完成教材中的练习题 | 学生做题，小组讨论 | 学以致用，提高能力 |

环节六：布置作业

| 教学阶段 | 教师主导 | 学生主体 | 设计意图 |
|---|---|---|---|
| 课后迁移 | 教师布置作业：设计一个实验，探究浮力的大小与物体形状是否有关，并选择器材进行探究（弹簧测力计可以到文具店买，也可向学校借） | 学生设计实验方案，进行家庭实验，收集数据，得出结论，拍摄实验小视频 | 培养学生迁移应用科学探究方法的能力，做到学以致用 |

# 第五节　粤沪版物理九年级下册"17.3 发电机为什么能发电"教学案例

## 一、教材分析

本节课是粤沪版物理九年级下册第十七章第三节的内容。本节的主要内容有：认识发电机，探究电磁感应现象，了解发电机原理。教材先通过几幅图片让学生了解电能的社会价值，提出发电机为什么能发电的问题，然后通过"活动1"和"活动2"认识发电机，通过"活动3"用简化的方法探究产生感应电流的条件及感应电流的方向与哪些因素有关，体现了由物到理的教材编写理念。本节课是电磁学的重要内容，在生产生活中有重要的应用，是本章的核心内容。

## 二、教学设计思路

教学设计理念是"从生活走向物理，从物理走向社会"，提高学生核心素养。教学设计思路如下：

（1）让学生通过组装玩具——手摇发电机，认识发电机。

（2）教师与学生拆解其中一些发电机，进一步认识发电机的构造：磁体和线圈。

（3）引导学生思考：手摇发电机的线圈在磁场中运动，产生了电流，二极管发光。线圈在磁场中运动有两种情况——切割磁感线或不切割磁感线。是切割磁感线运动产生电流还是不切割磁感线运动产生电流，或者不管是否切割磁感线运动都能产生电流？（教师使用的自制教具可用红光模拟磁感线，演示导体在磁场中的运动情况）

（4）引导学生设计实验探究产生感应电流的条件，并利用控制变量法探究感应电流的大小与哪些因素有关。

（5）从物理走向社会，引导学生思考发电机的工作原理。

## 三、教学目标

1. 物理观念

形成电磁感应的物理观念，了解电磁感应在生产生活中的应用。

2. 科学思维

根据实验现象，经过科学推理得到产生感应电流的条件。

3. 科学探究

利用控制变量法探究导体在磁场中运动时产生感应电流的条件。

4. 科学态度与责任

学习法拉第的科学精神，认识电磁感应现象对社会的巨大贡献，树立运用物理知识造福人类的意识。

## 四、教学重点、难点

1. 重点

电磁感应现象及其探究过程。

2. 难点

理解导体"做切割磁感线运动"。

## 五、教法和学法

1. 教法

讲授、演示、启发。

2. 学法

体验、实验、合作。

## 六、教学资源

手摇发电机、自制的切割磁感线演示仪、探究电磁感应的实验器材、由风扇改装的发电机等。

## 七、教学过程

环节一：提出问题

| 教学阶段 | 教师主导 | 学生主体 | 设计意图 |
|---|---|---|---|
| 感受发电机 | 教师向学生分发手摇发电机 | 学生分组组装手摇发电机，互相合作 | 让学生体验成功和乐趣 |
| 引入新课 | 教师演示用电风扇改装的发电机，演示用手摇发电机发电，引导学生提出问题：发电机为什么能发电呢？ | 学生摇动发电机的摇把，利用自己组装的发电机发电 | 利用学生已有的体验，引入课题 |

**环节二：经历知识形成的过程，建构对知识的理解**

| 教学阶段 | 教师主导 | 学生主体 | 设计意图 |
|---|---|---|---|
| 认识发电机 | 教师演示拆解发电机的部件，让学生观察 | 学生观察发电机的结构，认识发电机的主要部件：磁体和线圈 | 让学生深入认识发电机的构造 |
| 演示导体切割磁感线 | 教师通过自制的仪器演示导体切割磁感线运动，用激光笔的光模拟磁感线，演示导体在磁场中运动时，哪些时候切割了磁感线，哪些时候没有切割磁感线 | 学生观察导体在运动过程中是否切割了磁感线（光线模拟），正确认识导体在什么情况下切割了磁感线，在什么情况下没有切割磁感线 | 让学生理解导体"做切割磁感线运动"是一个难点，通过激光笔的光线模拟磁感线，可突破这一难点 |
| 提出问题进行猜想 | 闭合电路的一部分导体在磁场中运动有两种情况：一是切割了磁感线；二是没有切割磁感线。是切割磁感线产生电流，还是不切割磁感线产生电流呢？或者只要运动，不管是否有切割磁感线都能产生电流？ | 学生思考，提出自己的猜想 | 激发学生为验证自己猜想的探究热情 |
| 设计实验进行探究 | 按教材图探究感应电流产生的条件。根据课本实验图示，按步骤进行操作，注意实验中磁铁不运动<br>1. 线圈的一边在磁场中静止不动，观察记录灵敏电流计的指针偏转情况<br>2. 线圈的一边在磁场中向左或向右运动，记下灵敏电流计的指针偏转情况<br>3. 改变磁铁两极的位置（改变磁场方向）观察灵敏电流计的指针偏转情况<br>将观察到的实验现象填入记录表 | 让学生按课本图示及实验记录表的要求进行实验，学生间互相合作，教师巡回指导 | 让学生通过实验去验证自己的猜想，寻求答案，经历实验探究过程 |

（续上表）

| 教学阶段 | 教师主导 | 学生主体 | 设计意图 |
|---|---|---|---|
| 得出结论 | 教师引导学生分析实验现象和事实，得出科学结论；简要介绍法拉第的事迹 | 学生得出科学结论：产生感应电流的条件，感应电流的大小与哪些因素有关 | 让学生分析实验现象，得出结论，从个体归纳共性；引导学生学习法拉第的科学精神 |
| 介绍发电机原理 | 教师介绍真实的发电机，引导学生思考真实发电机的原理，体现从物理走向社会的理念 | 学生思考，说出答案，从物理走向社会 | 能将所学知识迁移到生产生活中，从物理走向社会 |

环节三：形成知识结构，绘制思维导图

| 教学阶段 | 教师主导 | 学生主体 | 设计意图 |
|---|---|---|---|
| 形成知识结构 | 教师指导学生以电磁感应现象为核心，绘制思维导图，要求体现探究电磁感应现象的研究方法，对电磁感应原理的理解 | 学生根据教师的要求，总结核心方法和核心内容，绘制思维导图 | 使所学知识结构化 |

环节四：例题模仿

| 教学阶段 | 教师主导 | 学生主体 | 设计意图 |
|---|---|---|---|
| 例题示范 | 教师列举有关实验探究及应用电磁感应原理的例子，向学生示范解题过程和方法 | 学生学习教师的解题思路和范例 | 让学生经历模仿教师解题的过程 |

环节五：输出理解

| 教学阶段 | 教师主导 | 学生主体 | 设计意图 |
|---|---|---|---|
| 迁移应用 | 教师布置课堂练习 | 学生做题，小组讨论 | 学以致用，提高能力 |

环节六：布置作业

| 教学阶段 | 教师主导 | 学生主体 | 设计意图 |
|---|---|---|---|
| 课后迁移 | 教师布置作业：简述动圈式话筒的结构及工作原理，要求表述条理清晰 | 学生通过查阅资料，咨询教师或一些专业人员，了解动圈式话筒的结构及工作原理，并表述出来 | 培养学生运用物理知识解释生活中的物理现象的能力 |

# 附　录

问卷调查内容及调查数据如下：

你就读的年级是［单选题］

| 选项 | 小计 | 比例 |
| --- | --- | --- |
| 八年级 | 159 | 29.07% |
| 九年级 | 388 | 70.93% |
| 本题有效填写人次 | 547 | |

你的性别［单选题］

| 选项 | 小计 | 比例 |
| --- | --- | --- |
| 男 | 236 | 43.14% |
| 女 | 310 | 56.67% |
| （空） | 1 | 0.18% |
| 本题有效填写人次 | 547 | |

你对物理感兴趣吗？［单选题］

| 选项 | 小计 | 比例 |
| --- | --- | --- |
| 很感兴趣 | 199 | 36.38% |
| 有点兴趣 | 313 | 57.22% |
| 没有兴趣 | 34 | 6.22% |
| （空） | 1 | 0.18% |
| 本题有效填写人次 | 547 | |

你觉得物理难学吗？［单选题］

| 选项 | 小计 | 比例 |
|---|---|---|
| 很难 | 96 | 17.55% |
| 有点难 | 335 | 61.24% |
| 难度一般 | 103 | 18.83% |
| 觉得容易 | 13 | 2.38% |
| 本题有效填写人次 | 547 | |

你的教师习惯让你记住知识还是让你理解知识？［单选题］

| 选项 | 小计 | 比例 |
|---|---|---|
| 强调要记住 | 151 | 27.61% |
| 强调要理解 | 394 | 72.03% |
| （空） | 2 | 0.37% |
| 本题有效填写人次 | 547 | |

你学习物理概念的方法是 ［多选题］

| 选项 | 小计 | 比例 |
|---|---|---|
| 把概念熟记下来 | 378 | 69.10% |
| 弄清概念是怎么来的，有什么用 | 410 | 74.95% |
| 弄清概念界定及影响因素 | 313 | 57.22% |
| 经历得出概念的思维过程 | 252 | 46.07% |
| 本题有效填写人次 | 547 | |

学习物理规律，你会做到 ［多选题］

| 选项 | 小计 | 比例 |
|---|---|---|
| 把规律背出来就行了 | 212 | 38.76% |

（续上表）

| 选项 | 小计 | 比例 |
|---|---|---|
| 经历探究规律的过程 | 338 | 61.79% |
| 体会得到规律的科学方法 | 283 | 51.74% |
| 理解规律的内容 | 398 | 72.76% |
| （空） | 2 | 0.37% |
| 本题有效填写人次 | 547 | |

### 你对科学方法的认识 ［单选题］

| 选项 | 小计 | 比例 |
|---|---|---|
| 学习物理时从不关注科学方法 | 21 | 3.84% |
| 主要从教师讲解中学习到 | 314 | 57.40% |
| 会在学习中思考所用的科学方法 | 177 | 32.36% |
| 记住科学方法的名称，并不理解 | 34 | 6.22% |
| （空） | 1 | 0.18% |
| 本题有效填写人次 | 547 | |

### 你理解下列哪些科学方法 ［多选题］

| 选项 | 小计 | 比例 |
|---|---|---|
| 控制变量法 | 437 | 79.89% |
| 模型法 | 155 | 28.34% |
| 等效法 | 202 | 36.93% |
| 转换法 | 385 | 70.38% |
| 简化法 | 152 | 27.79% |
| 理想实验法 | 186 | 34.00% |
| 类比法 | 204 | 37.29% |
| （空） | 7 | 1.28% |
| 本题有效填写人次 | 547 | |

以下哪些是你平常做题的方法 ［多选题］

| 选项 | 小计 | 比例 |
|---|---|---|
| 凭自己的感觉 | 208 | 38.03% |
| 凭以往经验 | 213 | 38.94% |
| 根据所学的概念和规律去分析 | 392 | 71.66% |
| 先读懂题目 | 376 | 68.74% |
| （空） | 2 | 0.37% |
| 本题有效填写人次 | 547 | |

你认为以下哪些做法对提高你的思维能力最有效 ［单选题］

| 选项 | 小计 | 比例 |
|---|---|---|
| 听教师详细讲解 | 357 | 65.27% |
| 自己思考 | 91 | 16.64% |
| 与同学讨论 | 97 | 17.73% |
| （空） | 2 | 0.37% |
| 本题有效填写人次 | 547 | |

你是否存在上课听懂了但课后做题却不会做的情况 ［单选题］

| 选项 | 小计 | 比例 |
|---|---|---|
| 存在 | 476 | 87.02% |
| 不存在 | 71 | 12.98% |
| 本题有效填写人次 | 547 | |

你是否会对每节、每章所学内容用思维导图整理出来？［单选题］

| 选项 | 小计 | 比例 |
|---|---|---|
| 经常会 | 18 | 3.29% |

（续上表）

| 选项 | 小计 | 比例 |
|---|---|---|
| 有时会 | 308 | 56.31% |
| 从来不会 | 221 | 40.40% |
| 本题有效填写人次 | 547 | |

你最喜欢的学习物理的方式是 ［多选题］

| 选项 | 小计 | 比例 |
|---|---|---|
| 把概念及规律等内容背下来 | 256 | 46.80% |
| 通过多做实验学习物理 | 283 | 51.74% |
| 通过多做习题学习物理 | 279 | 51.01% |
| 理解所学内容，并利用所理解的内容解决问题 | 376 | 68.74% |
| （空） | 1 | 0.18% |
| 本题有效填写人次 | 547 | |

在物理学习中，你感到以下哪些方面较难 ［多选题］

| 选项 | 小计 | 比例 |
|---|---|---|
| 弄清物理概念含义 | 257 | 46.98% |
| 记住物理公式 | 221 | 40.40% |
| 物理量单位换算 | 295 | 53.93% |
| 运用物理公式计算 | 306 | 55.94% |
| 探究物理规律 | 240 | 43.88% |
| 理解物理规律 | 234 | 42.78% |
| 分析物理过程 | 298 | 54.48% |
| 运用物理规律 | 266 | 48.63% |
| 本题有效写人次 | 547 | |

你在学习物理时，是否会将物理与生活联系起来思考？ [多选题]

| 选项 | 小计 | 比例 |
| --- | --- | --- |
| 总是会 | 125 | 22.85% |
| 从不会 | 55 | 10.05% |
| 有时会 | 415 | 75.87% |
| 本题有效填写人次 | 547 | |

在解题时，你感到困难的地方是 [多选题]

| 选项 | 小计 | 比例 |
| --- | --- | --- |
| 看不懂题目意思 | 281 | 51.37% |
| 记不住公式 | 198 | 36.20% |
| 不知道找出题目隐含条件 | 341 | 62.34% |
| 不清楚公式的适用条件，难以选择公式解题 | 371 | 67.82% |
| 不会计算 | 208 | 38.03% |
| 不会单位换算 | 213 | 38.94% |
| 本题有效填写人次 | 547 | |

你觉得学习物理困难的原因是 [多选题]

| 选项 | 小计 | 比例 |
| --- | --- | --- |
| 平常较少观察生活中的物理现象并思考 | 259 | 47.35% |
| 有时觉得物理知识与生活经验相矛盾 | 171 | 31.26% |
| 自己习惯于记忆知识，不习惯理解知识的来源及应用 | 280 | 51.19% |
| 计算能力弱 | 267 | 48.81% |

（续上表）

| 选项 | 小计 | 比例 |
|---|---|---|
| 没有掌握物理学习方法 | 317 | 57.95% |
| 平常不习惯思考 | 174 | 31.81% |
| 知识基础弱 | 262 | 47.90% |
| 本题有效填写人次 | 547 | |

# 参考文献

［1］杜威. 杜威思维训练：我们是如何思考的 ［M］. 刘敏，译. 北京：民主与建设出版社，2021.

［2］中华人民共和国教育部. 义务教育物理课程标准（2022 年版）［M］. 北京：人民教育出版社，2022.

［3］沃兹沃思. 皮亚杰认知和情感发展理论 ［M］. 杨砚秋，译. 5 版. 上海：华东师范大学出版社，2022.

［4］华东地区初中物理教材编写组. 物理 八年级 上册 ［M］. 上海：上海科学技术出版社，广州：广东教育出版社，2012.

［5］华东地区初中物理教材编写组. 物理 九年级 下册 ［M］. 上海：上海科学技术出版社，广州：广东教育出版社，2012.

［6］华东地区初中物理教材编写组. 物理 八年级 下册 ［M］. 上海：上海科学技术出版社，广州：广东教育出版社，2012.

［7］华东地区初中物理教材编写组. 物理 九年级 上册 ［M］. 上海：上海科学技术出版社，广州：广东教育出版社，2012.

［8］人民教育出版社，课程教材研究所，物理课程教材研究开发中心. 物理 八年级 上册 ［M］. 北京：人民教育出版社，2012.

［9］李来政，何雄智. 现代基础物理教育学 ［M］. 武汉：华中师范大学出版社，2004.

［10］维果茨基. 思维与语言 ［M］. 李维，译. 杭州：浙江教育出版社，1997.